医療法人制度改革・
地域医療連携推進法人

松田 紘一郎【著】
株式会社グロスネット／JPBM医業経営部会【編】

中央経済社

ご　挨　拶
(序にかえて)

　「2025年問題」として，国家財政の緊迫化とともに，いわゆる「団塊の世代」が全て後期高齢者となり，少子化による生産世代の減少，高齢者の都市集中，独居高齢者・認知症高齢者の増加などのデータが社会保障，医療制度などの国家的課題として示されています。

　それを受けた対応施策の1つとして，平成27（2015）年9月に医療法の改正がなされ，医療機関相互間の機能の分担，業務の連携を推進するため，地域医療連携推進法人の認定制度を創設し，また，医療法人について，貸借対照表などに係る公認会計士などによる監査，公告などに係る規定を整備することになりました。地域医療連携推進法人（以下「連携推進法人」という）は，地域において良質かつ適切な医療を効率的に提供するため，病院などに係る業務の連携を推進するための方針を定め，医療連携推進業務を行う一般社団法人であり，都道府県知事の認定を受け創設されます。

　一般社団法人　日本中小企業経営支援専門家協会（以下「JPBM」という）医業経営部会は，「9士業」（弁護士，公認会計士，税理士など）の参加会員と，関連企業の方々とともに1年以上におよぶ勉強会を開催，知見を蓄積して，シンポジウムを行ったりし，平成28年秋ごろとされていた政省令の発出後に連携推進法人の実務書を発行すべく活動してまいりました。

　ところが，平成28年の12月ころに連携推進法人の会計などに関する政省令が出されることが分かり，書籍は来春へと発刊の予定が大幅に遅れることになり対応に苦慮しました。

　㈱中央経済社からのご提案により，2回に分けて出版することになり，JPBMおよび後述する研究仲間の了承をとりました。平成28年9月1日の法令（それ以降発遣の政省令はふくまず）により，最初に出す本は，改正医療法人制度の概要をふくみ，連携推進法人の概説，創りかたや早わかりの4章に分け入門編に限定，第1部（1章と2章）を医療法人制度，第2部（3章と4章）を連

携推進法人とし，関連するコラムを豊富に入れ，私と主宰する（株）グロスネット（G－Net）の医業経営コンサルタントの協力のもとに，出稿することになった次第であります。

　平成29年に出版を予定しています本は，法制や政省令に加えた実務上の課題との対応で，法務などを切り込み，もっと深味のある実務書『地域医療連携推進法人』（仮）にしていくつもりであります。

　連携推進法人は，地域医療における個の競合から地域社会貢献という共通理念を共有する大小のグループが，統一標章（シンボルマーク）を掲げて，シームレスな連携提携（アライアンス）の強弱にもよりますが，その地域医療介護のビジネスモデルの変更をしていくものもありうると考えています。

　このような基本認識のもとに本書を上梓しますが，厚生労働省医政局の貴重な資料を掲載させていただき，かつ担当官，先に示しました研究仲間などから，貴重なご教導をいただいたこと，中央経済社法律編集部・和田豊氏のご支援に感謝しております。

　この本を通して読者諸氏との出逢いに感謝しております。

平成28年11月1日

JPBM 医業経営部会

部会長　松 田 紘一郎

CONTENTS

ご挨拶（序にかえて）／i

第1部　医療法人制度

第1章　医療法人制度の概要 —— 3

Ⅰ　基本事項／4

1. 機関の設置／4
2. 社員総会／4
   (1) 招集・開催／4
   (2) 議　長／4
   (3) 決　議／5
   (4) 議事録／5
   (5) その他／7
3. 評議員・評議員会（本書では概略のみ）／9
4. 役員の選任・解任／10
   (1) 選　任／10
   (2) 任　期／11
   (3) 監事選任の同意等／11
   (4) 解　任／11
5. 理　事／12
   (1) 理事長の代表権／12
   (2) 理事の責務等／12
   (3) 社員による理事行為の差止め／13

(4)　職務代行者／13
　　　(5)　理事の報酬等／14
　6．理事会／16
　　　(1)　理事会の職務／16
　　　(2)　理事等理事会への報告／18
　　　(3)　招集・開催／19
　　　(4)　決　議／19
　　　(5)　議事録等／20
　7．監　事／25
　　　(1)　監事の職務／25
　　　(2)　監事による理事会招集等／26
　　　(3)　監事による理事行為の差止め等／26
　　　(4)　監事の報酬等／27

II　役員の損害賠償責任等／31

　1．損害賠償責任の新設／31
　2．その免除／32
　3．法人と理事との責任限定契約／37
　4．理事の自己取引／38
　5．第三者への役員等の責任／39
　6．その連帯責務／39
　7．社員の責任追及の訴え／41
　8．役員等の解任の訴え／45
　9．役員の損害賠償責任に係る規定／45
　　　(1)　定款・諸則の改正／45
　　　(2)　細則の新設と責任限定契約／46

III その他の改正事項／47

1. 医療法人の会計／47
2. 医療法人会計基準のポイント／48
3. 外部監査／49
   - (1) 監査対象医療法人／49
   - (2) 監査の受けかた／50
4. 関係事業者／51
   - (1) 関係事業者取引の開示／51
   - (2) 関係事業者の定義，その取引／51
   - (3) 関係事業者との取引に関する報告／52
   - (4) その様式／53
5. 医療法人の合併と分割／54
   - A 医療法人の合併／54
     - (1) 合併・譲渡損益と繰延べ／54
     - (2) 適格合併／54
     - (3) 存続法人の純資産／55
     - (4) 経過措置医療法人間の合併で持分放棄／56
   - B 医療法人の分割／56
     - (1) 制度の新設／56
     - (2) 規定の整備／57
     - (3) 添付書類／58
     - (4) 適格分割の課税要件／59
6. 特別代理人・選任の不用／60

IV 定款等の変更等／64

1. 定款の変更／64
2. 定款 3 細則の変更・新設／65

3．改正法令の経過措置／66
　　⑴　医療法人の役員／67
　　⑵　施行日（H28.9.1）・（現）理事長の代表権／67
　　⑶　（現）理事・監事の施行日前の損害賠償責任／67
　　⑷　評議員について（本書では略）／67
　　⑸　施行日（平成28年9月2日）において現に存する医療法人の評議員（本書では略）／67
　　⑹　都道府県の対応／67
4．持分あり（経過措置）法人の定款変更／68

第2章　医療法人のガバナンス，定款と細則 ── 73

I　医療法人のガバナンスと改正規定／74

1．改正規定の整理／74
2．医療法人に新しく実施が規定された内容／81
　　⑴　法改正に伴い新たに義務化／81
　　⑵　法改正により条件付で義務化／82
　　⑶　法改正に伴う経過措置／84

II　定款例の体系と選択／86

1．定款例と定款3細則／86
　　⑴　医療法人・社団の定款分類／86
　　⑵　定款3細則のモデル定款例条文／86
2．持分あり医療法人の定款例と細則／88
　　⑴　その体系／88
　　⑵　持分あり医療法人の定款例／88
3．持分あり医療法人の定款例（平成28年9月1日以降）／89

4．社団医療法人の新旧対照表／98

5．定款施行細則（案）／122

6．理事会議事細則（案）／123

7．社員総会議事細則（案）／127

8．役員の損害賠償責任に係る細則（案）／131

第2部　連携推進法人制度

第3章　連携推進法人制度の概要 ── 139

Ⅰ　連携推進法人の理念・方針／140

1．基本的な立場／140
- (1) 構造的側面からの評価／140
- (2) プロセスからの評価／141
- (3) 結果からの評価／141

2．連携推進法人の理念／142
- (1) その前提／142
- (2) 理念にもりこまれるべき要素／142

3．ISO26000（社会的責任の国際規格：SR）／144
- (1) SRの必要性／144
- (2) 社会的責任の概要（7つの中核課題）／144
- (3) 社会的責任の原則／152
- (4) 順守宣言／153

Ⅱ　連携推進法人の認定／157

1．連携推進法人の要件（法第70条）／157

2．連携推進法人の申請（法第70条の2）／*159*

Ⅲ 連携推進法人の適合基準／*161*

1．連携推進法人の認定基準（法第70条の3）／*161*

2．非認定の要件（法第70条の4）／*163*

3．連携推進法人の非営利性（本書では法規定を列挙）／*163*
   (1) 一社員一議決権の原則（法第70条の3第1項第10号）／*163*
   (2) 剰余金の配当禁止（法第54条）／*164*
   (3) 残余財産の分配禁止（法第70条の3第1項第19号）／*164*
   (4) 定款の変更に対する都道府県知事の認可（法第70条の18）／*164*
   (5) 代表理事の選定および解職に対する都道府県知事の認可（法第70条の19）／*165*
   (6) 都道府県知事による報告聴取（法第63条）及び勧告（法第64条）／*165*
   (7) 地域医療連携推進法人の認定の取消し（法第70条の21）／*166*

Ⅳ 連携推進法人の業務等／*167*

1．連携推進法人の基本業務（法第70条の7）／*167*

2．連携推進方針（法第70条の8）／*167*

Ⅴ 連携推進評議会／*168*

1．組織上の位置付け／*168*

2．その業務構成員／*168*
   (1) 基本業務／*168*
   (2) 多様な専門性／*169*
   (3) 業務の実施状況の評価／*169*

(4) 業務内容／170
　Ⅵ　連携推進法人のガバナンス／171
　　1．非営利性の確保／171
　　2．そのためのガバナンス（本書では概要を列挙）／171
　　3．資金調達―基金制度／172
　　4．定款・諸則の体系／175
　Ⅶ　連携推進法人・制度上のメリット・デメリット
　　（本書では概要を列挙）／**176**
　　1．制度上のメリット／176
　　2．制度上のデメリット／177

第4章　連携推進法人の認定・創設と課題 ― *179*

　Ⅰ　制度創設の趣旨／*180*
　　1．法律案の提案理由説明／180
　　2．そのイメージ図／181
　　3．連携推進法人が検討されている事例／184
　　　(1) 7つの検討事例／184
　　　(2) それぞれの事例検討／184
　　4．統一的な連携推進方針イメージ／185
　　　(1) 法制上の要件／185
　　　(2) 厚生労働省・医政局・医療経営支援課が示した
　　　　 イメージ／186
　Ⅱ　C・A・P・Dサイクル／*188*
　　1．実務的な考えかた／188

　　　　　(1)　実務は，C・A・P・D／188
　　　　　(2)　C（Check：評価）／188
　　　　　(3)　A（Act：改善）／189
　　　　　(4)　P（Plan：計画）／189
　　　　　(5)　D（Do：実践）／192
　　　2．ガバナンスの確立／192
　　　　　(1)　組織化／192

Ⅲ　組織化の一般的な手順／198
　　　1．連携推進法人設立までの手続・スケジュール／198
　　　2．組織化の実務手順（創設時・有力3〜4病院を想定）／199
　　　3．継続発展の条件／202

Ⅳ　一般社団法人の認可手続／204
　　　1．設立手続の手順／204
　　　2．定款の作成／204
　　　3．定款の記載事項／205
　　　　　(1)　絶対的記載事項／205
　　　　　(2)　相対的記載事項／207
　　　　　(3)　任意的記載事項／207

Ⅴ　制度・システム上の課題／209
　　　1．非営利性／209
　　　　　(1)　医療法人の非営利性／209
　　　2．日赤・済生会などの病院／212
　　　3．医療法人・持分あり法人の課題／213
　　　　　(1)　その実態と現況／213
　　　　　(2)　出資社員相続人による払戻請求の課題／214

　　　　(3) 非課税・基金型移行の課題／214

　　4．株式会社による医療法人の支配（経営）／219
　　　　(1) その現状／219
　　　　(2) その課題／220

Ⅵ　経営・運営，診療報酬上の課題／223
　　1　参加医療法人の法令遵守と監事監査／223
　　　　(1) 社会医療法人の実態／223
　　2．この結果からわかること／224
　　　　(1) 結果のポイント／224
　　　　(2) その本質的基盤／225
　　　　(3) 提　言／225
　　3．診療報酬上の課題／226
　　　　(1) 診療報酬のつけ方，誘導施策／226
　　　　(2) 連携推進法人への誘導施策／226
　　　　(3) 「特別の関係」の認定による報酬減／226

・著者紹介／230
・執筆者紹介／232
・執筆を支援していただいたJPBM医業経営部会，その会員等／233

Column の目次

第1部　医療法人制度
　第1章　1　社員と会社員　……………………………………………………… 8
　　　　　2　評議員会　……………………………………………………………… 9

	3	理事の報酬 …………………………………………………… *14*
	4	理　事 ………………………………………………………… *16*
	5	医療法人のステークホルダー ………………………………… *25*
	6	監事監査と公認会計士等監査 ………………………………… *28*
	7	監事の報酬 …………………………………………………… *30*
	8	理事長報酬の上限 …………………………………………… *37*
	9	認定　医業経営コンサルタント（法人） …………………… *40*
	10	医療法人の理事と社員の適格性 ……………………………… *63*
第2章	11	医療法人と役員の委任関係 …………………………………… *98*
	12	医療法人の数 ………………………………………………… *121*
	13	いわゆる「雇われ理事長」 …………………………………… *136*

第2部　連携推進法人制度

第3章	14	病院機能評価とP・D・C・A ……………………………… *156*
第4章	15	キャッシュフロー計算書と資金繰り表 ……………………… *189*
	16	法第70条の11・標章 ………………………………………… *201*
	17	医療法人の資産管理・外部投資 ……………………………… *221*

本書の用語の定義・略称

(1) 用語の略称と説明

略　　称	正確な用語
病院法人	医療法人として，病院を経営する法人の他，診療所または介護老人保健施設またはその両方を併設する法人
一般病院	病院の病床のうち，一般病床が全体の80％以上を占める病院
診療所法人	医療法人として診療所を経営する法人の他，介護老人保健施設を併設する法人。
療養病院	病院の病床のうち，療養病床が全体の80％以上を占める病院
精神科病院	病院の病床のうち，精神病床が全体の80％以上を占める病院
混合病院	前述3病院以外の病院，一般にケアミックス病院と言われている
有床診療所	病床を有する診療所
無床診療所	病床を持たない診療所
老健	介護老人保健施設
連携推進法人	地域医療連携推進法人
連携推進方針	地域医療連携推進方針
連携推進構想	地域医療連携推進構想
連携推進区域	地域医療連携推進区域
連携推進評議会	地域医療連携推進評議会
連携推進業務	地域医療連携推進業務
ISO	International Organization for Standardization（国際評価規格）
サ高住	高齢者居住法の規定によるサービス付高齢者住宅

(2) 法令の略称

略称	法令名・制定（発遺者）番号			最終改正・番号	
法	医療法(※)	昭和23年	法律第205号	平成28年	法律第47号
旧法	医療法	昭和23年	法律第205号	—	
法政令	医療法施行令	昭和23年	政令第326号	平成28年	政令第57号
法省令	医療法施行規則	昭和23年	厚生省令第50号	平成28年	厚生労働省第152号
収益業務告示	厚生労働大臣の定める社会医療法人が行うことができる収益業務	平成19年	厚生労働省告示第92号	—	

制度基本通知	医療法人制度について	平成19年	医政局長・医政発第0330049号	平成27年	医政発0331第3号
指導要綱	医療法人運営管理指導要綱	平成2年	医政局長・健政発第110号	平成27年	医政発0930第1号
附帯通知	医療法人の附帯業務について	平成19年	医政局長・医政発0330053号	平成27年	医政発0930第4号
基金通知	医療法人の基金について	平成19年	医政局長・医政発0330051号	平成24年	医政発0330第26号
報告書通知	医療法人における事業報告書等の様式について	平成19年	指導課長・医指発第0330003号	平成27年	医政支発0331第1号
法法	法人税法	昭和40年	法律第34号	平成27年	法律第63号
相法	相続税法	昭和25年	法律第73号	平成27年	法律第9号
相令	相続税施行令	昭和25年	政令第71号	平成27年	政令第144号
相続個別通達	贈与税の負担が不当に減少する結果となると認められないとする基準の解釈について				
租特法	租税特別措置法	昭和32年	法律第26号	平成27年	法律第74号
一般社団財団法	一般社団法人及び一般財団法人に関する法律	平成18年	法律第48号	平成26年	法律第91号

(※) 第2部連携推進法人の条文は，平成27年9月28日付官報「医療法の一部を改正する法律」第2条の条文となっています。

■第1部■

医療法人制度

第1章　医療法人制度の概要

第2章　医療法人のガバナンス，定款と細則

第1章

医療法人制度の概要

　平成27（2015）年9月28日に成立した改正・法は，次のように施行されることになりました。
- 平成28（2016）年9月1日医療法人制度の改正・新設など
- 平成29（2017）年4月2日連携推進法人と医療法人の外部監査義務化

　平成28年の年末以降，連携推進法人などに係る政省令や，新たな会計基準の政省令の発布などが続くはずです。
　「ご挨拶」で一部述べましたように，本書は，平成28（2016）年9月1日の時点としての連携推進法人の概要・創りかたを表，図表を多く用いて示しますので，当然のことですが，それ以降の政省令・通知は本書にふくまれておりません。
　しかし，連携推進法人の創りかたや概要を示す場合でも，わが国医療提供施設の開設主体・8,482病院施設のうち，67.7%（5,741施設）を占めるその地域に密着した医療提供をしている医療法人の動向などを無視することはできないはずです。そこで，この第1部は医療法人制度，第1章では医療法人制度の概要を改正部分を中心に次のように4つの大項目にして示します。
　Ⅰ　基本事項
　Ⅱ　役員の損害賠償責任等
　Ⅲ　その他の改正事項
　Ⅳ　定款等の変更等
　なお，第2章は医療法人のガバナンス，定款と細則とし，そのⅡでは，医療法人総数のうち78%（40,601施設：診療所をふくむ）を占める持分あり法人の定款例とともに，定款3細則，ならびに「役員の損害賠償責任に係る細則」を示しました。
　医療法人は，連携推進法人への参加を見据え，法改正にしたがい誤りのない修正や追加処理を行ない，法令順守による経営基盤をより強固なものにしていくべきです。

I 基本事項

1 機関の設置

医療法人・社団の機関（法46条の2）として，次のように社員総会，理事，理事会の設置がなされ，財団たる医療法人では社員総会に替わり，評議員，評議員会（ここでは，記述を省略），理事，理事会が機関として設置されます。

機関の構成は旧法と同じで，理事会が業務執行機関，社員総会が最高意思決定機関になります。

2 社員総会

(1) 招集・開催

① 社団・医療法人の理事長は，少なくとも毎年1回，定時社員総会を開き，また理事長は，必要があると認めるときは，いつでも臨時社員総会を招集することができます。

② 理事長は，総社員の5分の1以上の社員から社員総会の目的である事項を示して臨時社員総会の招集を請求された場合，その日から20日以内に，これを招集することとされていますが，総社員の5分の1の割合については，定款でこれを下回る割合を定めることができます。

③ 社員総会の招集の通知は，その社員総会の日より少なくとも5日前に，その社員総会の目的である事項を示し，定款で定めた方法に従って行うこととされています。

(2) 議　長

議長は，社員総会において選任し，議長は社員総会の秩序を維持し，議事を

整理すること。議長は，その命令に従わない者その他社員総会の秩序を乱す者を退場させることができます。

　定款，もしくは社員総会議事細則に，この規定をそのまま条文として組み込むべきでしょう。この関連する事項として，代理出席の可否と「あらかじめ通知してない緊急動議」の制限をすべきでしょう。

(3) 決　議

① 社員総会は，法規定事項および定款で定めた事項について決議します。

② 法規定により社員総会における決議を必要とする事項について，理事，理事会その他社員総会以外の機関が決定することができることを内容とする定款の定めは，その効力を有しません。

③ 決議は，社員総会の招集通知によりあらかじめ通知した事項についてのみ行うことができますが，定款に別段の定めがあるときは，この限りではありません。

④ 社員は，各1個の議決権を有しますが，これは，民法上の「社員平等原則」からきています。

⑤ 社員総会は，定款に別段の定めがある場合を除き，総社員の過半数の出席がなければ，その議事を開き，決議をすることができません。

⑥ 社員総会の議事は，法または定款に別段の定めがある場合を除き，出席者の議決権の過半数で決し，可否同数のときは，議長が決します。

⑦ ⑥の場合において，議長は，社員として議決に加わることができません。

⑧ 社員総会に出席しない社員は，書面で，または代理人によって議決をすることができますが，定款に別段の定めをして，認めないことも可能です。

⑨ 社員総会の決議について特別の利害関係を有する社員は，議決に加わることができません。

(4) 議事録

① 社員総会の議事については，次に定めるところにより，議事録を作成す

る必要があります。
ア　書面または電磁的記録をもって作成
イ　次に掲げる事項が内容
　　㋐　開催された日時および場所（当該場所に存在しない理事，監事または社員が出席した場合における当該出席の方法をふくむ）
　　㋑　議事の経過の要領およびその結果
　　㋒　決議を要する事項について特別の利害関係を有する社員があるときは，当該社員の氏名
　　㋓　次のことについて，述べられた意見または発言の内容の概要
　　　・監事の選任・解任（4の(3)の③）について，監事が述べた意見
　　　・辞任監事のその旨・その理由（4の(3)の④）について，監事を辞任した者が述べた意見
　　　・知事または総会，理事会（7の(1)の④）に対して，監事が行った報告
　　　・理事の総会提出議案等（7の(1)の⑥）について，監事が行った報告
　　　・監事の報酬（7の(4)の③）について，監事が述べた意見
　　㋔　出席した理事または監事の氏名
　　㋕　議長の氏名
　　㋖　議事録の作成に係る職務を行った者の氏名
② 議事録は，社員総会の日から10年間，主たる事務所に備え置き，その写しを，社員総会の日から5年間，従たる事務所に備え置きます。
③ 社員および債権者は，医療法人の業務時間内は，いつでも，次に掲げる請求ができます。
　　ア　議事録が書面をもって作成されているときは，当該書面または当該書面の写しの閲覧または謄写の請求
　　イ　議事録が電磁的記録をもって作成されているときは，当該電磁的記録に記録された事項を紙面または映像面に表示する方法により表示したものの閲覧または謄写の請求

(5) その他
① 社団医療法人は，社員名簿を備え置き，社員の変更があるごとに必要な変更を加えていくべきです。
② 理事および監事は，社員総会において，社員から特定の事項について説明を求められた場合には，当該事項について必要な説明をすること。ただし，当該事項が社員総会の目的である事項に関しないものである場合その他次に掲げる正当な理由がある場合には，この限りではありません。
　ア　社員が説明を求めた事項について説明をすることにより社員の共同の利益を著しく害する場合
　イ　社員が説明を求めた事項について説明をするために調査をすることが必要である場合。ただし，次に掲げる場合を除きます。
　　㋐　当該社員が社員総会の日より相当の期間前に当該事項を医療法人に対して通知した場合
　　㋑　当該事項について説明をするために必要な調査が著しく容易である場合
　ウ　社員が説明を求めた事項について説明をすることにより医療法人その他の者（当該社員を除く）の権利を侵害することとなる場合
　エ　社員が当該社員総会において実質的に同一の事項について繰り返して説明を求める場合
　オ　アからエまでに掲げる場合のほか，社員が説明を求めた事項について説明をしないことにつき正当な理由がある場合
③ 社団たる医療法人の社員には，自然人だけでなく法人（営利を目的とする法人を除く）もなることができます。

図表1−1 社員・社員総会について

社員・社員総会

- 社員は，社団たる医療法人の最高意思決定機関である社員総会の構成員としての役割を担う。
- 社員総会は，事業報告書等の承認や定款変更，理事・監事の選任・解任に係る権限があり，このことにより，法人の業務執行が適正でない場合には，理事・監事の解任権限を適切に行使し，適切な法人運営体制を確保することも社員総会の責務である。

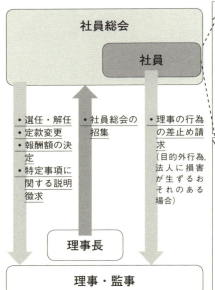

【社員総会の権限（主なもの）】
- 理事，監事の選任・解任
- 定款の変更
- 事業報告書等の承認
- 理事・監事に対する特定事項に関する説明徴求
- 理事，監事の報酬額の決定（定款で額が定められていないとき）
- 理事等の法人に対する損害賠償責任の一部免除
- 合併・分割の同意（全社員の同意により合併・分割が可能）
- 解散の決議

【社員の権限（主なもの）】
- 社員総会の招集請求（総社員の1/5以上の社員により請求が可能）
- 理事の行為の差止め請求（理事が法人の目的の範囲外の行為その他法令等に違反する行為をし，当該行為によって法人に回復できない損害が生ずるおそれのあるとき）
- 理事・監事等の責任追及の訴え（法人に訴えの提起を請求し，60日以内に法人が訴えの提起をしない場合，当該請求をした社員が提起可能）
- 理事・監事の解任の訴え（不正行為又は法令・定款違反にもかかわらず，解任決議が社員総会で否決されたときは，総社員の1/10以上の社員により提起可能）

（厚労省・医政局・医療経営支援課が示した図表　2016.5.19厚労省HP掲載）

Column 1

社員と会社員

　社団形態の医療法人は，人（自然人と非営利の法人）による社員によって構成され，社員総会は，医療法人の最高意思決定機関です。一般的に理事長や理事が兼任する例が多く，同族性を排除されている法人もあり，会社員や職員（従業員）とは，全く異なるものであります。理事・監事の選任・解任，定款の変更，役員の損害賠償責任の免除などの重い職責を課されています。

第1章 医療法人制度の概要

3 評議員・評議員会（本書では概略のみ）

図表1−2 評議員・評議員総会について

評議員・評議員会

○ 評議員は，財団たる医療法人の最高意思決定機関・諮問機関である**評議員会**の構成員としての役割を担う。
○ 評議員会は，事業報告書等の承認や，予算・寄附行為の変更等の重要事項や決算・事業実績の報告に対する意思決定又は意見陳述，また，理事・監事の選任・解任に係る権限があり，このことにより，法人の業務執行が適正でない場合には，理事・監事の解任権限を適切に行使し，適切な法人運営体制を確保することも評議員会の責務である。

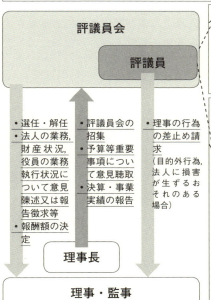

【評議員会の権限（主なもの）】
・法人の重要事項（予算，寄附行為の変更等）の決定又は意見陳述
・理事・監事の選任・解任
・理事・監事の報酬額の決定（寄附行為で額が定められていないとき）
・理事等の法人に対する損害賠償責任の一部免除

【評議員となる者】
・医療従事者，病院等の経営に関して見識を有する者及び患者等のうちから，寄附行為で定める方法により選出する。
・当該法人の役員・職員との兼職禁止。

【評議員の権限（主なもの）】
・評議員会の招集請求（総評議員の1/5以上の評議員により請求が可能）
・理事・監事・評議員の解任の訴え（不正行為又は法令・寄附行為違反にもかかわらず，解任決議が評議員会で否決されたときは，個々の評議員が提起可能）
・理事の行為の差止め請求（理事が法人の目的の範囲外の行為その他法令等に違反する行為をし，当該行為によって法人に回復できない損害がずるおそれのあるとき）

【評議員の義務】・善管注意義務
【評議員の責任】（→損害賠償責任理事と同じ）

（厚労省・医政局・医療経営支援課が示した図表　2016.5.19厚労省HP掲載）

Column 2

評議員会

評議員会は，財団形態をとる医療法人の最高意思決定機関・諮問機関で，評

議員はその構成員。租特法67条の2の規定により国税庁長官の承認（法人税の軽課）で創設される医療法人・社団でも評議員会の設置が必要です。ここでの評議員会は，理事会および社員総会のチェック機関となります。

　なお，連携推進法人に設置されている「評議会」は，性格は似ていますが，全く異なる諮問機関で，構成員は，評議会委員となります。

4　役員の選任・解任

(1)　選　任

① 　医療法人には，役員として，理事3人以上および監事1人以上を置きます。ただし，理事については，都道府県知事の認可を受けた場合は，1人または2人の理事を置けば足ります。

② 　社団医療法人の役員は，社員総会の決議によって選任されます。

③ 　財団医療法人の役員（略）

④ 　医療法人と役員の関係は，民法の委任に関する規定に従うことになります。

⑤ 　法46条の2第2項に掲げる者は，役員になることができません（Column 10 参照）。

⑥ 　医療法人は，その開設する全ての病院，診療所または介護老人保健施設（指定管理者として管理する病院等をふくむ）の管理者を理事に加えなければなりません。ただし，医療法人が病院，診療所または介護老人保健施設を2以上開設する場合において，都道府県知事の認可を受けたときは，管理者（指定管理者として管理する病院等の管理者を除く）の一部を理事に加えないことができます。また，管理者たる理事は，管理者の職を退いたときは，理事の職を失いますが，理事の職への再任を妨げるものではありません。

⑦ 　監事は，当該医療法人の理事または職員を兼ねてはなりません。

(2) 任　期
　① 役員の任期は，2年を超えることはできませんが，再任を妨げません。
　② 法または定款もしくは寄附行為で定めた役員の員数が欠けた場合において，任期の満了または辞任により退任した役員は，新たに選任された役員（③の一時役員の職務を行うべき者をふくむ）が就任するまで，なお役員としての権利義務を有します。
　③ ②の場合において，医療法人の業務が遅滞することにより損害を生ずるおそれがあるときには，都道府県知事は，利害関係人の請求によりまたは職権で，一時役員の職務を行うべき者を選任しなければなりません。
　④ 理事または監事のうち，その定数の5分の1を超える者が欠けたときは，1月以内に補充しなければなりません。

(3) 監事選任の同意等
　① 理事は，監事がある場合において，監事の選任に関する議案を社員総会に提出するには，監事（監事が2人以上ある場合にあっては，その過半数）の同意を得なければなりません。
　② 監事は，理事に対し，監事の選任を社員総会の目的とすることまたは監事の選任に関する議案を社員総会に提出することを請求することができます。
　③ 監事は，社員総会において，監事の選任または解任について意見を述べることができます。
　④ 監事を辞任した者は，辞任後最初に招集される社員総会に出席して，辞任した旨およびその理由を述べることができます。この場合において，理事は，監事を辞任した者に対し，社員総会を招集する旨ならびに当該社員総会の日時および場所を通知しなければなりません。

(4) 解　任
　① 社団医療法人の役員は，いつでも，社員総会の決議によって解任するこ

とができます。ただし，監事を解任する場合は，出席者の3分の2（これを上回る割合を定款で定めた場合にあっては，その割合）以上の賛成がなければ，決議することができません。
② 社員総会の決議（①）により解任された者は，その解任について正当な理由がある場合を除き，社団医療法人に対し，解任によって生じた損害の賠償を請求することができます。
③ 財団たる医療法人の役員（略）

5 理 事

(1) 理事長の代表権
① 医療法人の理事のうち1人は，理事長とし，医師または歯科医師である理事のうちから選出します。ただし，都道府県知事の認可を受けた場合は，医師または歯科医師でない理事のうちから選出することができます。
② 理事長は，医療法人を代表し，医療法人の業務に関する一切の裁判上または裁判外の行為をする権限を有します。
③ ②の権限に加えた制限は，善意の第三者に対抗することができません。
④ 任期の満了または辞任により退任した理事長は，新たに選任される理事長（⑤の一時理事長の職務を行うべき者をふくむ）が就任するまで，なお理事長としての権利義務を有します。
⑤ 理事長が退任し，新たな理事長が選任されない場合において，医療法人の業務が遅滞することにより損害を生ずるおそれのあるときは，都道府県知事は，利害関係人の請求によりまたは職権で，一時理事長の職務を行うべき者を選任しなければなりません。
⑥ 医療法人は，理事長がその職務を行うについて第三者に加えた損害を賠償する責任を負います。

(2) 理事の責務等
① 理事は，医療法人に著しい損害をおよぼすおそれのある事実があること

を発見したときは，直ちに，当該事実を監事に報告することが求められています。

② 理事は，法令および定款ならびに社員総会の決議を遵守し，医療法人のため忠実にその職務を行う。これが（善良な管理者の）忠実義務といわれています。

③ 理事は，次に掲げる競業および利益相反取引を行う場合には，理事会において，当該取引につき重要な事実を開示し，その承認を受けなければなりません。

　ア　自己または第三者のためにする医療法人の事業の部類に属する取引
　イ　自己または第三者のためにする医療法人との取引
　ウ　医療法人が当該理事の債務を保証することその他当該理事以外の者との間における医療法人と当該理事との利益が相反する取引

④ 民法108条の規定は，理事会の承認を受けた競業（③のア）の取引については，適用しません。

(3) 社員による理事行為の差止め

社員は，理事が医療法人の目的の範囲外の行為その他法令または定款に違反する行為をし，またはこれらの行為をするおそれがある場合，当該行為によって当該医療法人に回復することができない損害が生ずるおそれがあるときは，当該理事に対し，当該行為をやめることを請求することができます。

(4) 職務代行者

① 民事保全法（平成元年法律91号）56条に規定する仮処分命令により選任された理事または理事長の職務を代行する者は，仮処分命令に別段の定めがある場合を除き，医療法人の常務に属しない行為をするには，裁判所の許可が必要です。

② ①に違反して行った理事または理事長の職務を代行する者の行為は，無効となります。ただし，医療法人は，これをもって善意の第三者に対抗す

ることができません。

③ 医療法人は，理事長以外の理事に医療法人を代表する権限を有するものと認められる名称を付した場合には，当該理事がした行為について，善意の第三者に対してその責任を負います。表見代表といわれるものですが，これに関連して，職務権限規程と印章・印鑑管理規程を整備すべきでしょう。

(5) 理事の報酬等

理事の報酬等（報酬，賞与その他の職務執行の対価として医療法人から受ける財産上の利益をいう。以下同じ）は，定款にその額を定めていないときは，社員総会の決議によって定めます。

> 定款または社員総会においては，理事の報酬等の総額を定めることで足り，理事が複数いる場合における理事各人の報酬等の額を，その総額の範囲内で理事会の決議によって定めることは差し支えないこと。また，報酬等の総額の上限を超えない限り，毎会計年度の社員総会における決議はしなくても構わないこと。
> （参考：新たな公益法人制度への移行等に関するよくある質問（FAQ）（内閣府）問Ⅴ－6－④）

Column 3

理事の報酬

理事の報酬は，報酬・賞与・退職手当および「職務執行の対価として受ける財産上の利益」（以下「報酬等」という）をいい，次のことを配慮し，不当に高額とならないようにすべきです。
① 民間事業者の役員の報酬等
② 当法人の職員の給与
③ 当法人の経理（特に損益・収支）の状況
④ 当法人の同規模・類似内容の医療法人の状況
⑤ その他，特に配慮すべき事項
税務上，事前届出制，定期同額制の規制がありますが，仮にこれをクリヤー

しても「不当に高額」とみなされた場合には，不当とみなされる部分が役員賞与となり，法人は損金不算入となります。

図表1-3　理事について

理　事

○　医療法人の理事は，理事会の構成員として，医療法人の業務執行の意思決定に参画する。
○　また，忠実に職務を行う義務，法人に著しい損害を及ぼすおそれがある事実を発見したときの監事への報告義務などが課せられ，義務違反等の場合には損害賠償責任を負うことがある。
※理事会の決議に参加した理事は，議事録に異議をとどめない場合,その決議に賛成したものと推定される。

社員総会（社団）・評議員会（財団）
- 説明・報告義務（説明を求められたとき）
- 理事の選任・解任
- 説明・報告徴求
- 報酬額の決定
- 行為の差止め請求

【理事の解任】
社団の場合：いつでも，社員総会の決議により解任が可
財団の場合：次のいずれかに該当するときは，評議員会の決議によって解任が可①職務上の義務に違反し，又は職務を怠ったとき②心身の故障のため，職務の執行に支障があり，又はこれに堪えないとき

理事

- 理事会の招集
- 利益相反取引の制限（理事会の承認と報告が必要）
- 報告義務（法人に著しい損害を及ぼすおそれのある事実を発見したとき）

監事

理事会

【理事の義務等（主なもの）】
- 忠実義務（法令，定款又は寄附行為，社員総会又は評議員会の決議を遵守し，法人のため忠実に職務を行う義務）
- 善管注意義務（民法の委任の規定に基づく善良な管理者の注意義務）
- 競業及び利益相反取引の制限（自己又は第三者のために法人と取引をする場合等において理事会の承認と報告が必要）
- 社員総会・評議員会における説明・報告義務（社員又は評議員から説明又は報告を求められたとき）
- 監事に対する報告義務（法人に著しい損害を及ぼすおそれのある事実を発見したとき）

【理事の責任（主なもの）】
- 法人に対する損害賠償責任（任務を怠ったことにより生じた損害を賠償する責任）
- 第三者に対する損害賠償責任（職務につき悪意・重大な過失があった場合に第三者に生じた損害を賠償する責任）

（厚労省・医政局・医療経営支援課が示した図表　2016.5.19厚労省HP掲載）

> **Column 4**
>
> 理　事
>
> 　医療法人の理事は，自然人であり理事会の構成員で業務執行に参画するため，忠実義務とともに，職務を怠った場合，損害賠償の責任が課されており，次の条件が付されています。
> 　① 当該法人が開設する病院等（指定管理者として管理する病院等をふくむ）の管理者は，全て理事に加える。
> 　② 管理者を理事に加えない場合は，都道府県知事または主たる事務所の所在地を管轄する地方厚生局長の認可を得ている。
>
> 　管理者を理事に加えないことができる場合は，多数の病院等を開設する医療法人で，離島等法人の主たる事務所から遠隔地にある病院等の管理者の場合です。さらに，病院近接の診療所の場合，管理者にしなくて良い改正が行われています。

6　理事会

(1) 理事会の職務

　① 理事会は，全ての理事で組織されます。

　② 理事会は，次に掲げる職務を行います。

　　ア　医療法人の業務執行の決定

　　イ　理事の職務の執行の監督

　　ウ　理事長の選出および解職

　③ 理事会は，次に掲げる事項，その他の重要な業務執行の決定を理事に委任することができません。

　　ア　重要な資産の処分および譲受け

　　イ　多額の借財

　　ウ　重要な役割を担う職員の選任および解任

　　エ　従たる事務所その他の重要な組織の設置，変更および廃止

　　オ　Ⅱの2の(7)の定款の定めに基づくⅡの1の(1)の責任の免除

◆理事会での〔委任について〕

　ここで理事会が特定の理事に，前述しましたアからオに掲げる業務執行の決定権を委任できないものとしていますが，反対解釈すれば，アからオ以外の事項についての業務執行は委任できることになります。そこで関連することは，理事会の出欠に関する欠席理事の委任状による「出席」の取扱いが従来，慣例的に認められてきましたが，これがどうなるのかであります。

　改正法は，一般社団財団法を準用していますので，善良な管理者の注意義務に着目して委任状による出席は，次の文書回答によりできないこととされています。

「新たな公益法人制度への移行等に関するよくある質問（FAQ）」
　　　　　　　　　　　　　　　　　　　　　　　平成28年6月版　内閣府

問　Ⅱ－6－①（代理人の出席等）
　理事会，評議員会において代理人を出席させ，議決権や代理行使させることはできますか。また，理事会，評議員会において書面投票や電子投票をすることはできますか。

答
1　いずれもできません。理由は以下のとおりです。
2　理事は，その個人的な能力や資質に着目し，法人運営を委任されている者であることから（一般社団財団法人法64条，172条1項，民法644条），自ら理事会に出席し，議決権を行使することが求められます。また，理事会における協議と意見交換に参加していない者が，その情報を知る前に，事前に書面投票や電子投票を行うということは，責任ある議決権の行使とはなりません。したがって，理事会が開催された場合には，社員総会について認められているような，議決権の代理行使および書面または電磁的方法による議決権の行使（一般社団財団法人法38条1項3号・4号参照）は認められていません。
　　　　　　　　　　　　　　（中略）
3　もっとも，円滑な法人運営のため，一般社団財団法人法においては，定款に定めを設けることにより，理事会の決議の目的である事項につき，<u>理事全員が</u>

<u>同意し，かつ，監事が異議を述べないときに限り，書面または電磁的方法（テレビ会議など）により決議することができるものとされています</u>（一般社団財団法人法96条，197条）。たとえば，電子メールにより理事会決議を行う場合，メールにより議案の内容を理事と監事の全員に伝達し，事務方が理事全員から議案に同意する旨の電子メールを受け取り，監事に異議がないことを確認した上で，理事会決議の議事録を作成することにより手続きは完了します。もっとも，一堂に会した理事会とは異なるので，たとえば，他人のなりすましによる議案への同意のメール送信のおそれを排除するため，後に無効とならないよう，<u>同意表明が本人の意思に基づくものか電話などで確認しておくことが必要</u>でしょう。このような方法を活用することにより，すべての理事の意向に基づく<u>理事会決議を，機動的に行うことが可能</u>となります。

（注）──（アンダーライン）は，筆者。

なお，全員の理事が同意（招集手続を省略）した理事会については，第2章の理事会議事細則で示します。

(2) 理事等理事会への報告

① 理事長は，医療法人の業務を執行し，3カ月に1回以上，自己の職務の執行の状況を理事会に報告しなければなりません。ただし，「定款で毎事業年度に4カ月を超える間隔で2回以上その報告をしなければならない」旨を定めた場合は，この限りではありません。定款で規定すれば6カ月開催（3月末決算法人は，5月と翌年の3月，年2回）でも可となります。

② 競合・自己・利益相反（5の(2)の③のアからウ）までに掲げる取引をした理事は，当該取引後，遅滞なく，当該取引についての重要な事実を理事会に報告しなければなりません。

③ 理事または監事が理事および監事の全員に対して理事会に報告すべき事項を通知したときは，当該事項を理事会へ報告することを要しません。ただし，①の報告には，これが適用されません。

(3) 招集・開催
　① 理事会は，各理事が招集します。ただし，理事会を招集する理事を定款または理事会で定めたときは，その理事が招集することになります。
　② ①のただし書の場合には，理事会を招集する理事（以下「招集権者」という）以外の理事は，招集権者に対し，理事会の目的である事項を示して，理事会の招集を請求することができます。
　③ ②による請求があった日から5日以内に，その請求があった日から2週間以内の日を理事会の日とする理事会の招集の通知が発せられない場合には，その請求をした理事は，理事会を招集することができます。
　④ 理事会を招集する者は，理事会の日の1週間（これを下回る期間を定款で定めた場合にあっては，その期間）前までに，各理事および各監事に対して理事会を招集する旨の通知を発する必要があります。
　⑤ ④にかかわらず，理事会は，理事および監事の全員の同意があるときは，招集の手続を経ることなく開催できます。

(4) 決　議
　① 理事会の決議は，議決に加わることができる理事の過半数（これを上回る割合を定款で定めた場合にあっては，その割合以上）が出席し，その過半数（これを上回る割合を定款で定めた場合にあっては，その割合以上）をもって行います。
　② ①の決議について特別の利害関係を有する理事は，議決に加わることができません。
　③ 理事会の決議に参加した理事であって(5)の①（理事会で所定の要件のもと作成された）の議事録に異議をとどめないものは，その決議に賛成したものと推定されます。
　④ 理事が理事会の決議の目的である事項について提案をした場合において，当該提案につき理事（当該事項について議決に加わることができるものに限る）の全員が書面または電磁的記録により同意の意思表示をしたとき

（監事が当該提案について異議を述べたときを除く）は，当該提案を可決する旨の理事会の決議があったものとみなす旨を定款で定めることができます。

(5) 議事録等
① 理事会の議事については，次に定める議事録を作成する必要があります。
　ア　書面または電磁的記録をもって作成する場合
　イ　次に掲げる事項を内容とすること
　　㋐　開催された日時および場所（当該場所に存在しない理事または監事が出席した場合における当該出席の方法をふくむ）
　　㋑　理事会が次に掲げるいずれかのものに該当するときは，その旨
　　　・招集権者以外（(3)の②）による理事の請求を受けて招集されたもの
　　　・招集権者の不作為（(3)の③）により理事が招集したもの
　　　・監事から理事会開催（7の(2)の②）による監事の請求を受けて招集されたもの
　　　・期限内に招集されないこと（7の(2)の③）により監事が招集したもの
　　㋒　議事の経過の要領およびその結果
　　㋓　決議を要する事項について特別の利害関係を有する理事があるときは，当該理事の氏名
　　㋔　次のことについて，述べられた意見または発言の内容の概要
　　　・競業や自己・利益相反取引（(2)の②）について，理事が行った報告
　　　・業務・会計監査（7の(1)の④）について，監事が行った報告
　　　・理事会（7の(2)の①）について，監事が述べた意見
　　㋕　②の定款の定めがあるときは，理事長以外の理事であって，出席した者の氏名
　　㋖　議長の氏名
　ウ　次に掲げる場合には，議事録は次に定める事項を内容とします。

㋐　全員の同意（(4)の④）により理事会の決議があったものとみなされた場合には次に掲げる事項
　　・理事会の決議があったものとみなされた事項の内容
　　・当該事項の提案をした理事の氏名
　　・理事会の決議があったものとみなされた日
　　・議事録の作成に係る職務を行った理事の氏名
　㋑　全員の同意による通知（(2)の③）により理事会への報告を要しないものとされた場合　次に掲げる事項
　　・理事会への報告を要しないものとされた事項の内容
　　・理事会への報告を要しないものとされた日
　　・議事録の作成に係る職務を行った理事の氏名
②　①の議事録が書面をもって作成されているときは，出席した理事（定款で，議事録に署名し，または記名押印しなければならない者を当該理事会に出席した理事長とする旨の定めがある場合にあっては，当該理事長）および監事は，これに署名し，または記名押印します。
③　①の議事録が電磁的記録をもって作成されている場合における当該電磁的記録に記録された事項については，電子署名が必要です。電子署名とは，電磁的記録に記録することができる情報について行われる措置であって，当該情報が当該措置を行った者の作成に係るものであることを示すためのものであり，かつ，当該情報について改変が行われていないかどうかを確認することができるものであることが必要です。
④　医療法人は，理事会の日（理事全員の同意による書面決議（(4)の④）の規定により理事会の決議があったものとみなされた日をふくむ）から10年間，①の議事録または理事全員の同意による書面決議（(4)の④）の意思表示を記載し，もしくは記録した書面もしくは電磁的記録（以下，「議事録等」という）をその主たる事務所に備え置かなければなりません。
⑤　社員は，その権利を行使するため必要があるときは，裁判所の許可を得て，次に掲げる請求をすることができます。

ア　議事録等が書面をもって作成されているときは、当該書面の閲覧または謄写の請求

イ　議事録等が電磁的記録をもって作成されているときは、当該電磁的記録に記録された事項を紙面または映像面に表示する方法により表示したものの閲覧または謄写の請求

⑥　評議員は、（略）

⑦　債権者は、理事または監事の責任を追及するため必要があるときは、裁判所の許可を得て、議事録等について、⑤のアおよびイ（議事録）に掲げる請求をすることができます。

⑧　裁判所は、社員（⑤）および債権者（⑦）の請求に係る閲覧または謄写をすることにより、医療法人に著しい損害をおよぼすおそれがあると認めるときは、その許可をすることができません。

次に理事会と社員総会の会議のあり方の比較表を示します。

図表1－4　改正法による会議のあり方・比較表

会議項目			理事会	社員総会	備考
A 開催方法等	1	開催頻度	(1)原則・3カ月に1回以上 (2)定款で4カ月超・2回以上と規定可	少なくとも年1回、定時に開催（ただし、実務上は2回・予算と決算）	理事会(2)で、3月末決算－5月と3月開催で可
	2	招集権者	(1)定款・理事長 (2)定款・各理事 (3)(1)でも特例あり	(1)理事長	
	3	招集手続	(1)開催日の1週間前、原則・各理事・各監事 (2)全員同意で省略可	(1)少なくとも5日前 (定款で定めた方法）	（理・社）招集方法に制限なし
	4	定足数	(1)議決・理事の過半数 (2)その出席理事の過半数	(1)総社員の過半数 (2)その出席者の過半数	

B 議決行使	1	代理人	×	○ （定款で制限可）	
	2	書面	×	○ （委任状で可能）	
	3	持ち回り	× （注）決議の省略ありうる。	－（※） （注）議長は社員の中から	（理）法45の7の2－社96
C 開催のし方	1	原則	(1)同一場所に出席者が集合	（同左と思われる）	
	2	テレビ会議	(2)TV会議・可。ただし双方向システムで出席者の参加方法を議事録に	（双方向のシステムで可能と思われる）	
D 議事録	1 2	書面 または 電磁的記録	・開催日時・場所 ・招集権者以外の者・招集の旨 ・議事の経過・結果 ・決議・特別利害関係者があるとき，その氏名 ・競業・自己取引の意見 ・議長氏名 ・出席理事（長）・監事の記名押印	（同左） ・議事録作成人の氏名が必要 ・出席した理事・監事の氏名	電磁記録・電子署名
		理事会の決議があったものとみなされた場合	・みなし決議事項内容 ・提案理事の氏名 ・みなし決議の日 ・議事録作成理事氏名	×	
		理事会への報告を要しないものとされた場合	・報告を要しない事項内容 ・報告を要しないものとされた日 ・議事録作成理事氏名	×	

（※） 平成12年10月の言渡し「会員持分払戻請求事件」東京地裁・八王子支部の判決では，合名会社ではありますが，定款に記載のない「持ち回りによる決議は認められない」（平成13年2月東京高裁認容）と判示されています。

次に発刊予定の『地域医療連携推進法人』(仮)では、この比較表の記述を、もっと深めたいと考えております。

図表1－5　理事会・理事長について

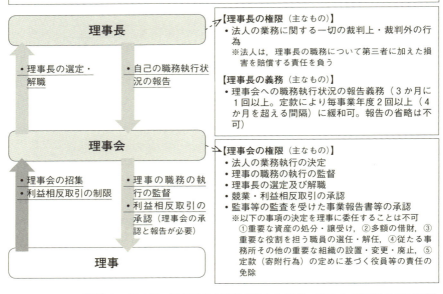

(厚労省・医政局・医療経営支援課が示した図表　2016.5.19厚労省HP掲載)

　ここの図表などで示されましたように、株式会社に比例して考えますと、取締役会が理事会(社員総会が株主総会)、代表取締役・CEO (Chief Executive Officer) が理事長に該当します。医療法人の理事長は、原則として医師または歯科医師に限られますが、医療法人の業務執行を決定し、法人の業務に関する一切の裁判上・裁判外の行為を指揮する半面、法人が第三者に与えた損害を賠

償する責任などを負います。

> **Column 5**
>
> ### 医療法人のステークホルダー
>
> 　企業は，さまざまな利害関係者（Stakeholder：消費者（顧客），職員，株主，債権者，仕入先，行政機関など）に直接・間接にとり囲まれ，その良好な関係により存立し，存続が許されており，医療法人もまた同じ（株主はなく，社員が加わる）です。
> 　医療機関経営の場合，古くから次の「３Ｓ経営」が基本と言われています。
> - Customer　Satisfaction　　　患者・その家族満足度
> - Staff　Satisfaction　　　　　職員・その家族満足度
> - Client　Satisfaction　　　　厚生行政・取引先（地域）の満足度
>
> 　この対象者の全てが，ステークホルダーであり，債権者や連携先医療介護機関に広げて考えるべきです。これは，我が国の商いの基本ともいわれています近江商人の提唱する「自分よし」「相手よし」さらに「地域よし」の「三方よし」に繋がるものであり，連携推進法人の存立の基盤（理念）も，規模の大・小はあるもののここにあると考えられます。株式会社と異なるのは，収入の大部分が公的な保険診療報酬であり，厚生行政当局により限られた財源の中での「保険財源の傾斜配分」による経済誘導が行われており，厚生行政の施策展開を軽視できないことです。

7　監　事

(1)　監事の職務

　監事の職務は，次のとおりとなります。

① 　医療法人の業務を監査

② 　医療法人の財産の状況を監査

③ 　医療法人の業務または財産の状況について，毎会計年度，監査報告書を作成し，当該会計年度終了後３月以内に社員総会および理事会に提出

④ 　①または②（業務・財務）による監査の結果，医療法人の業務または財産に関し不正の行為または法令もしくは定款に違反する重大な事実がある

ことを発見したときは，これを都道府県知事，社員総会または理事会に報告する必要があります。
⑤　④の報告をするために必要があるときは，社員総会の招集を理事長に請求することができます。
⑥　理事が社員総会に提出しようとする議案，書類，電磁的記録その他の資料を調査します。この場合において，法令もしくは定款に違反し，または著しく不当な事項があると認めるときは，その調査の結果を社員総会に報告します。

(2) **監事による理事会招集等**
①　監事は理事会に出席し，必要があると認めるときは，意見を述べなければなりません。
②　監事は，不正・重大な違反（(1)の④）がある場合において，必要があると認めるときは，理事（招集権者（6の(3)の①）のただし書の場合には，招集権者以外の理事（6の(3)の②）の招集権者）に対して，理事会の招集を請求することができます。
③　②の請求があった日から5日以内に，その請求があった日から2週間以内の日を理事会の日とする理事会の招集の通知が発せられない場合は，その請求をした監事は，理事会を招集することができます。

(3) **監事による理事行為の差止め等**
①　監事は，理事が医療法人の目的の範囲外の行為その他法令もしくは定款に違反する行為をし，またはこれらの行為をするおそれがある場合において，当該行為によって医療法人に著しい損害が生ずるおそれのあるときは，当該理事に対し，当該行為をやめることを請求することができます。
②　①の場合において，裁判所が仮処分をもって当該理事に対し，その行為をやめることを命ずるときは，担保を立てさせないものとします。
③　理事長の代表権（5の(1)の②）にかかわらず，次に掲げる場合は，監事

が医療法人を代表します。
- ア　医療法人が理事（理事であった者をふくむ。イおよびウにおいて同じ）に対し，または理事が医療法人に対して訴えを提起する場合
- イ　社団医療法人が，理事の責任を追及，訴えの提起，請求を受ける場合
- ウ　社団医療法人が訴訟告知（理事の責任を追及する訴えに係るものに限る）ならびに通知および催告（理事の責任を追及する訴えに係る訴訟における和解に関するものに限る）を受ける場合

(4) 監事の報酬等

① 監事の報酬等は，定款にその額を定めていないときは，社員総会の決議によって定めます。

　　（注）　定款または社員総会においては，監事の報酬等の総額を定めることで足り，報酬等の総額の上限を超えない限り，毎会計年度の社員総会における決議はしなくても構いません。

② 監事が2人以上ある場合において，各監事の報酬等について定款の定めまたは社員総会の決議がないときは，当該報酬等は，①の報酬等の範囲内において，監事の協議によって定めます。

③ 監事は，社員総会において，監事の報酬等について意見を述べることができます。

④ 監事がその職務の執行について医療法人に対して次に掲げる請求をしたときは，医療法人は，当該請求に係る費用または債務が当該監事の職務の執行に必要でないことを証明した場合を除き，これを拒むことができません。
- ア　費用の前払の請求
- イ　支出した費用および支出の日以後におけるその利息の償還の請求
- ウ　負担した債務の債権者に対する弁済（当該債務が弁済期にない場合にあっては，相当の担保の提供）の請求

> **Column 6** 監事監査と公認会計士等監査

医療法人の監事は，次のような医療法人の業務や財産状況を監査することが，主な役割とされています。

- 業務監査……理事長等の業務等を適切性・合理性や適法性の観点からチェックする監査
- 財産状況の監査…会計監査と同一の内容であり，会計処理や開示の適否について行う監査

このように，監事はもともと業務監査と会計監査の両方をともに行うものとされています。

今般の会計士監査の制度化により，公認会計士監査と監事が行う会計監査との関係を整理する必要があり，今のところ取り扱いが明確になっていない部分はありますが，すでに制度化されている会社法監査等における取り扱いを勘案すると，概ね以下のようになるものと推定されます。

法人区分	業務監査	会計監査
公認会計士等の監査対象法人	監　事	公認会計士または監査法人。監事は監査の結果を承認
その他の法人	監　事	監　事

医療法人の事業が大規模化・複雑化すると，同時に内部統制（業務を適切に行うための処理や承認のプロセス）も肥大化，複雑化します。このような事業体の監査に十分に対応するべく，会計・監査の専門家としての公認会計士・監査法人による監査制度が改正法により設けられました。

(参照：第1章・Ⅰ－7とⅢ－3)

第1章 医療法人制度の概要

図表1－6 監事について

監　事

○ 監事は，医療法人の業務，財務の状況を監査し，毎会計年度，監査報告書を作成し，社員総会又は評議員会及び理事会に提出する。このため，監事には各種の権限が付与され，また，義務が課されている。監事が複数いる場合でも，その権限は各監事が独立して行使でき，義務は各監事がそれぞれ負うことになる。

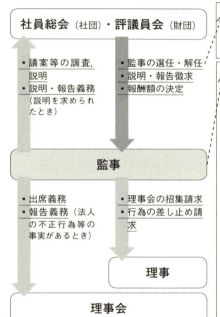

【監事の解任】
社団，財団とも，解任事由については理事と同じ。ただし，解任には社員総会又は評議員会において出席者の3分の2以上の賛成による決議が必要。

【監事の権限（主なもの）】
・法人の業務，財産の状況の監査
・事業報告書等の監査
・善管注意義務（民法の委任の規定に基づく善良な管理者の注意義務）
・不正等の報告のための理事会等の招集請求
・理事の行為の差止め請求（理事が法人の目的の範囲外の行為その他法令・定款違反の行為をし又はそのおそれがあり，当該行為により法人に著しい損害が生ずるおそれがあるとき）
・法人と理事との間の訴えにおける法人の代表

【監事の義務（主なもの）】
・理事会への出席義務
・理事会等への報告義務（法人の業務又は財産に関して不正行為又は法令・定款等に違反する事実があるとき）
・社員総会・評議員会の議案等の調査・報告義務（報告義務については法令・定款違反又は著しく不当な事項がある場合）
・社員総会・評議員会における説明・報告義務（→理事と同じ）

【監事の責任】（→損害賠償責任理事と同じ）

（厚労省・医政局・医療経営支援課が示した図表　2016.5.19厚労省HP掲載）

> **Column 7**
>
> ### 監事の報酬
>
> 　監事の報酬等は，定款または社員総会で報酬の総額を定めることが原則です。
> 　社会医療法人，特定医療法人および非課税移行・基金型医療法人については，相続個別通達で，「役員たる地位のみに基づく報酬の支払い」を禁じています。監事は，監査業務に従事した「日当」しか報酬を受けられないことにより，その責任の重大さに比して，大きな問題化しています。

Ⅱ 役員の損害賠償責任等

1 損害賠償責任の新設

　法改正により役員の医療法人に対する損害賠償責任の規定が新設（法47条）され，その概要は次のとおりです。

(1)　医療法人に損害が生じた場合に，医療法人の理事または監事がその任務を怠ったときは，医療法人に対し，理事または監事は，これによって生じた損害を賠償する責任を負うことになります。

(2)　医療法人の理事が，競業・利益相反取引の承認（Ⅰの5の(2)の③）に違反して自己または第三者のためにする医療法人の事業の部類に属するアの取引をしたときは，当該取引によって理事または第三者が得た利益の額は，(1)の損害の額と推定されます。

(3)　自己または第三者のためにする医療法人との取引（Ⅰの5の(2)の③のイ）または債務保証など同(ウ)の取引によって医療法人に損害が生じたときは，次に掲げる理事は，その任務を怠ったものと推定されます。
　　ア　競業・自己取引などを行った（Ⅰの5の(2)の③）の理事
　　イ　医療法人が当該取引をすることを決定した理事
　　ウ　当該取引に関する理事会の承認の決議に賛成した理事
　これは，「推定」であり，「みなす」とされていませんので，証拠を挙げ，任務を怠っていないことを立証すれば，それを覆すことも可能です。
　このほか，第三者に対する損害賠償責任（法48条）や，医療法人（社員）の

責任追及の訴え（法49条の2），それに非業務執行理事等による責任限定契約（法47条の2）が一般社団財団法を準用して規定化されていますが，順次説明します。

2 その免除

(1) 理事・監事の任務懈怠（1の(1)）の責任は，総社員の同意がなければ，免除することはできません。

(2) (1)にかかわらず，医療法人の理事または監事の任務懈怠（1の(1)）の責任は，当該医療法人の理事または監事が職務を行うにつき善意でかつ重大な過失がないときは，次のアに掲げる額からイに掲げる額（3の(1)において「最低責任限度額」という）を控除して得た額を限度として，社員総会の決議によって免除することができます。ただし，出席者の3分の2（これを上回る割合を定款で定めた場合にあっては，その割合）以上の賛成がなければ，決議をすることができません。

ア 賠償の責任を負う額
イ 当該医療法人の理事または監事がその在職中に医療法人から職務執行の対価として受け，または受けるべき財産上の利益の1年間当たりの額に相当する額として(3)に定める方法により算定される額に，次に掲げる医療法人の理事または監事の区分に応じ，次に定める数を乗じて得た額

　㋐ 理事長　　　6
　㋑ 理事長以外の理事であって，次に掲げるもの　　　4
　　・理事会の決議によって医療法人の業務を執行する理事として選定された者
　　・当該医療法人の業務を執行した理事（理事長を除く）
　　・当該医療法人の職員
　㋒ 理事（理事長および㋑に掲げるものを除く）または監事　　　2

(3) (2)の理事または監事がその在職中に医療法人から職務執行の対価として受け，または受けるべき財産上の利益の1年間当たりの額に相当する額は，次のアおよびイの合計額となります。

ア 当該理事または監事がその在職中に報酬，賞与その他の職務執行の対価（当該理事が当該医療法人の職員を兼ねている場合における当該職員の報酬，賞与その他の職務執行の対価をふくむ）として当該医療法人から受け，または受けるべき財産上の利益（イに定めるものを除く）の額の会計年度（次の㋐から㋒までに掲げる区分の場合に応じ，当該㋐から㋒までに定める日をふくむ会計年度およびその前の各会計年度に限る）ごとの合計額（当該会計年度の期間が1年でない場合にあっては，当該合計額を1年当たりの額に換算した額）のうち最も高い額

㋐ (2)の社員総会の決議を行った場合　当該社員総会の日

㋑ (7)の定款の定めに基づいて責任を免除する旨の理事会の決議を行った場合　当該決議のあった日

㋒ 3の(1)の契約を締結した場合　責任の原因となる事実が生じた日（2以上の日がある場合にあっては，最も遅い日）

イ 次の㋐に掲げる額を㋑に掲げる数で除して得た額

㋐ 次に掲げる額の合計額

・当該理事または監事が医療法人から受けた退職慰労金の額

・当該理事が当該医療法人の職員を兼ねていた場合における当該職員としての退職手当のうち当該理事を兼ねていた期間の職務執行の対価である部分の額

・上記に掲げるものの性質を有する財産上の利益の額

㋑ 当該理事または監事がその職に就いていた年数（当該理事または監事が次に掲げるものに該当する場合における次に定める数が当該年数を超えている場合にあっては，当該数）

・理事長　　　6

・理事長以外の理事であって，当該医療法人の職員である者　　　4

- 理事（上記に掲げるものを除く）または監事　　2

(4) (2)の場合には，理事は，(2)の社員総会において次に掲げる事項を開示しなければなりません。
　ア　責任の原因となった事実および賠償の責任を負う額
　イ　(2)により免除することができる額の限度およびその算定の根拠
　ウ　責任を免除すべき理由および免除額
　ここで示した計算式はⅡ・3　法人と理事との責任限定契約を参照して下さい。

(5) 理事は任務懈怠（(1)）の責任の免除（理事の責任の免除に限る）に関する議案を社員総会に提出するには，監事（監事が2人以上ある場合にあっては，各監事）の同意を得なければなりません。

(6) 責任免除（(2)）の決議があった場合において，医療法人が当該決議後に(2)の理事または監事に対して，次に掲げる財産上の利益を与えるときは，社員総会の承認を受けなければなりません。
　ア　退職慰労金
　イ　当該理事が当該医療法人の職員を兼ねていたときは，当該職員としての退職手当のうち当該理事を兼ねていた期間の職務執行の対価である部分
　ウ　アおよびイに掲げるものの性質を有する財産上の利益

(7) (1)にかかわらず，医療法人は任務懈怠による賠償（1の(1)）の責任について，理事または監事が職務を行うにつき善意でかつ重大な過失がない場合において，責任の原因となった事実の内容，理事または監事の職務の執行の状況その他の事情を勘案して特に必要と認めるときは，(1)により免除することができる額を限度として理事会の決議によって免除することができる旨を定款で定めることができます。

(8) (5)の監事の同意については，定款を変更して理事の責任を免除することができる旨の定め（(7)）を設ける議案を社員総会に提出する場合，(7)の定款の定めに基づく責任の免除（理事の責任の免除に限る）に関する議案を理事会に提出する場合について準用。

(9) (7)による定款の定めに基づいて医療法人の理事または監事の責任を免除する旨の理事会の決議を行ったときは，理事は，遅滞なく，(4)のアからウまでに掲げる事項および責任を免除することに異議がある場合には一定の期間内に当該異議を述べるべき旨を社員に通知しなければなりません。ただし，当該期間は，1カ月を下ることができません。

(10) 総社員の10分の1（これを下回る割合を定款で定めた場合にあっては，その割合）以上の社員が(9)により通知された期間内に異議を述べたときは，医療法人は(7)による定款の定めに基づく免除をしてはならないこととされています。

(11) (6)は，(7)の定款の定めに基づき責任を免除した場合について準用します。

これら法47条，47条の2を表にして示しますと，次ページ**図表1－7**のようになります。

図表1－7 理事・監事の医療法人に対する損害賠償責任

法47条，法47条の2（一般社団財団法112～116準用）

原則	2種の免除 （4種の免除手続）	計算式あ－⊙＝⑤：免除額）		
		あ責任額	⊙最低責任限度額	⑤免除額
（法47条1項）（※3） 理事・監事が任務を怠って医療法人に損害が生じた場合，損害賠償の責任を負う。	**A　免除**（法47条の2） 総社員の同意で「あ」の責任額を免除できる。	〔賠償の責任を負う額〕	―	〔賠償の責任を負う額〕
	B　責任の一部免除 理事・監事がその職務を行うにつき，善意かつ重大な過失がないときは，①，②または③のいずれかにより，「⑤」を免除できる。 ①　社員総会の決議（出席者3分の2以上賛成） 　次の事実を開示し決議 　イ　原因事実と賠償責任を負う額 　ロ　免除限度とその算定根拠 　ハ　免除すべき理由，免除額 ②　理事会の決議（定款で定めた場合） ③　責任限定契約（定款で定めた場合で非業務執行理事等のみ）	同　上	〔在職中の職務の対価等 　×係数（6：4：2）〕 ①　係数…理事長6，業務を執行する（した）理事・職員4，非業務執行理事・監事2 ②　職務上の対価等とは，次のイと口の合計額 　イ　在職中の報酬・賞与等の会計年度の合計額（(イ)社員総会（3分の2以上）の決議の日，(ロ)定款の定めで理事会の決議の日または，(ハ)責任限定契約の締結・最も遅い日の区分）ごとの1年当たりの額の最も高い額 　ロ　次の計算式の金額 　〔役員退職慰労金＋職員の時の退職金(※1)〕 　÷ 　〔理事・監事がその職に就いていた年数(※2)〕 　＝○○円	〔一部免除額〕

（※1）　理事を兼ねていた期間の職務執行対価部分となる。
（※2）　年数が①係数（6：4：2）に定める数を超えているときは当該数（6：4：2）となる。
（※3）　法49条　役員等が医療法人に生じた損害賠償の責任を負う場合，他の役員等も当該損害賠償の責任を負うとき，連帯債務者となる。

> **Column 8**
>
> **理事長報酬の上限**
>
> 　医療法人の役員報酬は，租特法67条の2の規定により国税庁長官の承認を得て，法人税の軽課がなされる特定医療法人の役員報酬の上限が3,600万円となっています。社会医療法人の知事認定の場合，都道府県の一部でこれにならっているところもあります。
>
> 　「不当に高額」な報酬の支給は禁じられていますが，具体的な基準はなく，次の5点の比例によって決められています。
> 　① 民間事業者の役員の報酬等
> 　② 当法人の職員の給与
> 　③ 当法人の経理（特に損益・収支）の状況
> 　④ 当法人の同規模・類似内容の医療法人の状況
> 　⑤ その他，特に配慮すべき事項

3　法人と理事との責任限定契約

(1)　総社員の同意による免除（2の(1)）にかかわらず，医療法人は，理事（業務執行理事（理事長，理事会の決議によって業務を執行する理事として選定されたものおよび業務を執行したその他の理事をいう。(2)において同じ）または職員でないものに限る）または監事（以下「非理事長理事等」という）の任務懈怠による賠償（1の(1)）の責任について，当該非理事長理事等が職務を行うにつき善意でかつ重大な過失がないときは，定款で定めた額の範囲内であらかじめ定めた額と最低責任限度額とのいずれか高い額を限度とする旨の契約を非理事長理事等と締結することができる旨を定款で定めることができます。

(2)　(1)の契約を締結した非理事長理事等（理事に限る）が当該医療法人の業務執行理事または職員に就任したときは，当該契約は，将来に向かってその効力を失います。

（注）　ここで「非理事長理事等」という略語が用いられていますが，これは本文で示されたように理事長と，〔理事会・業務執行理事〕+〔業務を執行したその他の理事〕+〔職員〕を除いた内容であります。

(3)　2の(5)の監事（責任免除）の同意は，定款を変更して責任限定契約（(1)）による定款の定めを設ける議案を社員総会に提出する場合について準用。

(4)　責任限定契約（(1)）の契約を締結した医療法人が，当該契約の相手方である非理事長理事等が任務を怠ったことにより損害を受けたことを知ったときは，その後最初に招集される社員総会において，次に掲げる事項を開示する必要があります。
　　ア　責任の原因となった事実および賠償の責任を負う額
　　イ　最低責任限度額など（2の(2)）により免除することができる額の限度およびその算定の根拠
　　ウ　当該契約の内容および当該契約を締結した理由
　　エ　理事・監事の任務懈怠（1の(1)）の損害のうち，当該非理事長理事等が賠償する責任を負わないとされた額

(5)　責任免除後の財産上の利益供与（2の(6)）は，非理事長理事等が(1)（責任限定）の契約によって(1)の限度を超える部分について損害を賠償する責任を負わないとされた場合について準用します。

4　理事の自己取引

(1)　自己のためにした取引（Ⅰの5の(2)の③のアの取引）をした理事の任務懈怠（1の(1)）の責任は，任務を怠ったことが当該理事の責めに帰することができない事由によるものであることをもって免れることはできません。

(2)　責任の免除など（2の(2)から(11)）および責任限定契約（3）については，

任務懈怠（(1)）の理事の責任については，適用しません。つまり，自己のために競業取引をした理事の損害賠償責任は，総社員の同意がない限り免れることはできないことになっています。

5 ｜ 第三者への役員等の責任

(1) 医療法人の理事または監事がその職務を行うについて，悪意または重大な過失があったとき，当該理事または監事は，これによって第三者に生じた損害を賠償する責任を負うことになります。

(2) 次に掲げる者が，次に定める行為をしたときも，任務懈怠（(1)）と同様です。ただし，その者が当該行為をすることについて注意を怠らなかったことを証明したときは，この限りでないとされています。

　ア　理事
　　㋐　法51条1項の規定により作成すべきものに記載すべき重要な事項についての虚偽の記載
　　㋑　虚偽の登記
　　㋒　虚偽の公告
　イ　監事　監査報告に記載すべき重要な事項についての虚偽の記載

6 ｜ その連帯責務

医療法人の理事または監事が医療法人または第三者に生じた損害を賠償する責任を負う場合において，他の理事または監事も当該損害を賠償する責任を負うときは，これらの者は連帯債務者となります。

これら法48条は，次ページ図表1－8のようになります。

図表1-8 第三者に対する損害賠償責任（法48条）

原　則	責任額	免除の要件	免除額
（法48条1項）（※1） 　理事・監事が職務を行うについて悪意又は重大な過失があったとき，第三者に生じた損害賠償の責任を負う。	〔賠償の責任を負う額〕	—	—
（法48条2項）（※1） ①または②に該当・法48条1項と同様の損害賠償責任 　①　理事がイ・ロ・ハのいずれかに該当した場合 　　イ　事業報告書等に記載すべき重要事項の虚偽記載 　　ロ　虚偽の登記 　　ハ　虚偽の公告 　②　監事が監査報告に記載すべき重要な事項について　虚偽の記載	同　上	当該行為をすることについて注意を怠らなかったことを証明	〔賠償の責任を負う額〕
		—	—

（※1）　法49条　役員等が第三者に生じた損害賠償の責任を負う場合，他の役員等も当該損害賠償の責任を負うとき，連帯債務者となる。

Column 9

認定 医業経営コンサルタント（法人）

　法の大改正，連携推進法人の創設支援など，医業経営を専門に支援する質の高いコンサルタントが必要とされていますが，わが国に，それを資格認定し養成する機関が1つだけあります。

　公益社団法人 日本医業経営コンサルタント協会（以下「JAHMC」という）です。JAHMCは，平成2年11月1日に厚生大臣より社団法人として設立承認を受け発足。その目的は，医業経営に関する調査研究等を推進し，医業経営に係わるコンサルタントの水準の確保と資源の向上をはかることにより，医業経営の近代化・安定化に資するとともに国民医療の向上に寄与すること（平成24年4月1日 公益社団法人の認定）にあります。個人正会員約3千名，コンサルタント法人会員6社からなり，全国に47の支部があり，それぞれが地域医療の経営支援活動を活発に行っています。

7 社員の責任追及の訴え

(1) 社員は，社団医療法人に対し，被告となるべき者，請求の趣旨および請求を特定するのに必要な事実を記載した書面の提出または電磁的方法による提供により，理事または監事の責任を追及する訴え（以下「責任追及の訴え」という）の提起を請求することができます。ただし，責任追及の訴えが当該社員もしくは第三者の不正な利益を図りまたは当該社団医療法人に損害を加えることを目的とする場合は，この限りではありません。

(2) 社団医療法人が社員の責任追及の訴え（(1)）による請求の日から60日以内に責任追及の訴えを提起しないときは，当該請求をした社員は，社団医療法人のために，責任追及の訴えを提起することができます。

(3) 社団医療法人は，社員の責任追及の訴え（(1)）による請求の日から60日以内に責任追及の訴えを提起しない場合において，当該請求をした社員または社員の責任追及の訴え（(1)）の理事または監事から請求を受けたときは，当該請求をした者に対し，遅滞なく，責任追及の訴えを提起しない理由を次に掲げる事項を記載した書面の提出または当該事項の電磁的方法による提供により通知が必要です。
 ア　医療法人が行った調査の内容（取引決定理事(イ)の判断の基礎とした資料をふくむ）
 イ　請求対象者（理事または監事であって社員の責任追及の訴え（(1)）による請求に係る被告となるべき者をいう。理事会承認した理事(ウ)において同じ）の責任または義務の有無についての判断およびその理由
 ウ　請求対象者に責任または義務があると判断した場合において，社員の責任追及の訴え(1)による責任追及の訴えを提起しないときは，その理由

(4) (1)（社員の責任追及の訴え）および責任追及訴の不作為（(2)）にかかわら

ず，(2)の期間（60日以内）の経過により社団医療法人に回復することができない損害が生ずるおそれのある場合，(1)の社員は，社団医療法人のために，直ちに責任追及の訴えを提起することができます。ただし，(1)のただし書に該当する場合は，この限りではありません。

(5) 60日以内，訴の不作為（(2)）または直ちに訴え（(4)）の責任追及の訴えにおける訴訟の目的の価額の算定については，財産権上の請求でない請求に係る訴えとみなします。

(6) 社員が責任追及の訴えを提起したときは，裁判所は，被告の申立てにより，当該社員に対して，相当の担保を立てるべきことを命ずることができます。

(7) 被告が社員の訴え（(6)）の申立てをするには，責任追及の訴えの提起が悪意によるものであることを疎明しなければなりません。

(8) 責任追及の訴えは，社団医療法人の主たる事務所の所在地を管轄する地方裁判所の管轄に専属します。

(9) 社員または社団医療法人は，共同訴訟人として，または当事者の一方を補助するため，責任追及の訴えに係る訴訟に参加することができます。ただし，不当に訴訟手続を遅延させることとなるとき，または裁判所に対し過大な事務負担をおよぼすこととなるときは，この限りではないとされています。

(10) 社団医療法人が，理事または理事であった者を補助するため，責任追及の訴えに係る訴訟に参加するには，監事（監事が2人以上ある場合にあっては，各監事）の同意を得なければなりません。

(11) 社員は，責任追及の訴えを提起したときは，遅滞なく，社団医療法人に対し，訴訟告知をしなければなりません。

(12) 社団医療法人は，責任追及の訴えを提起したとき，または((11))の訴訟告知を受けたときは，遅滞なく，その旨を社員に通知しなければなりません。

(13) 民事訴訟法（平成8年法律109号）267条の規定は，社団医療法人が責任追及の訴えに係る訴訟における和解の当事者でない場合には，当該訴訟における訴訟の目的については，適用されません。ただし，当該社団医療法人の承認がある場合は，この限りではありません。

(14) (13)の場合において，裁判所は，社団医療法人に対し，和解の内容を通知し，かつ，当該和解に異議があるときは2週間以内に異議を述べるべき旨の催告が必要です。

(15) 社団医療法人が2週間以内((14))の期間内に書面により異議を述べなかったときは，同項の規定による通知の内容で社員が和解をすることを承認したものとみなされます。

(16) 総社員の同意（2の(1)）は，責任追及の訴えに係る訴訟における和解をする場合には，適用されません。

(17) 責任追及の訴えを提起した社員が勝訴（一部勝訴をふくむ）した場合において，当該責任追及の訴えに係る訴訟に関し，必要な費用（訴訟費用を除く）を支出したときまたは弁護士もしくは弁護士法人に報酬を支払うべきときは，当該社団医療法人に対し，その費用の額の範囲内またはその報酬額の範囲内で相当と認められる額の支払を請求することができます。

⒅　責任追及の訴えを提起した社員が敗訴した場合であっても，悪意があったときを除き，当該社員は，当該社団医療法人に対し，これによって生じた損害を賠償する義務を負いません。

⒆　社員の勝訴(⒄)および社員の敗訴(⒅)は，共同訴訟人((9))により訴訟に参加した社員について準用。

⒇　責任追及の訴えが提起された場合において，原告および被告が共謀して責任追及の訴えに係る訴訟の目的である社団医療法人の権利を害する目的をもって判決をさせたときは，社団医療法人または社員は，確定した終局判決に対し，再審の訴えをもって，不服を申し立てることができます。

㉑　⒄，⒅および⒆については，共謀詐害(⒇)の再審の訴えについて準用。
　これら法49条の2は，次の**図表1－9**のようになります。

図表1－9　医療法人（社員）における責任追及の訴え

法49条の2　（一般社団財団法278条準用）

原　則	例　外	社員の責任追及の訴え提起
（法49条の2） 　社員は，医療法人に対し理事または監事の**責任を追及する訴えの提起を請求できる**。	（法49条の2　ただし書） 　イまたはロのことを目的とする場合は，**責任を追及する訴えの提起を請求できない**。 　イ　当該社員もしくは第三者の**不正な利益を図ること** 　ロ　当該医療法人に損害を与えること	医療法人が請求の日から60日以内に責任追及の訴えを提起しないとき ・当該請求をした社員は責任追及の訴えを提起できる ・法人は，当該請求者に責任追及の訴えを提起しない理由を通知　他

8 役員等の解任の訴え

(1) 理事または監事の職務の執行に関し不正の行為または法令もしくは定款に違反する重大な事実があったにもかかわらず，当該理事または監事を解任する旨の議案が社員総会において否決されたときは，次に掲げる者は，当該社員総会の日から30日以内に，訴えをもって当該理事または監事の解任を請求することができます。
　　ア　総社員（当該請求に係る理事または監事である社員を除く）の10分の1（これを下回る割合を定款で定めた場合にあっては，その割合）以上の社員（当該請求に係る理事または監事である社員を除く）
　　イ　評議員（医療法人財団の場合）

(2) (1)の訴えについては，当該医療法人および理事または監事が被告となります。

(3) 医療法人の理事または監事の解任の訴えは，当該医療法人の主たる事務所の所在地を管轄する地方裁判所の管轄となります。

9 役員の損害賠償責任に係る規定

(1) 定款・諸則の改正

　「社団たる医療法人の理事または監事は，その任務を怠ったときは，当該医療法人に対し，これによって生じた損害を賠償する責任を負う。」（法47条1項）という規定が新設（財団の評議員・理事・監事にも準用）されました。これは先に示してありますように委任関係にある役員の善管注意義務違反に対する損害賠償責任の法理を明文化したものです。

　法の実態では何ら変わらないと思われますが，責任免除の要件や責任限定契約の締結ができる（理事長・執行理事・職員を除く）ことになり定款でそれを明記し，それを細則（または規程）で，次のように明文化すべきでしょう。

〈定款〉
（社員総会の議決権）
法20条
（1項○号）　役員の損害賠償責任の全部又は一部免除
（注）法47条の2は，全部免除には「総社員の同意」が必要としています。

（損害賠償責任の一部免除）
第35条　本社団は，役員が任務を怠ったことによる損害賠償責任を，法令に規定する額を限度として，理事会の決議により免除することができる。
2　本社団は，役員との間で，任務を怠ったことによる損害賠償責任について，当該役員が職務を行うにつき善意でかつ重大な過失がないときに，損害賠償責任の限定契約を締結することができる。ただし，その責任の限度額は，○○円以上で本社団が別に定める役員の損害賠償責任に係る細則に規定する額と法令で定める最低責任限度額とのいずれか高い額とする。

(2)　細則の新設と責任限定契約

　前述した定款35条2項で「役員の損害賠償責任に係る細則」を制定することを明記しました。

　この細則にふくまれる契約書などは，対象医療法人の法人類型や役員構成などにより微妙に変化しますので，本書に掲載していません。後記の「執筆者」などに個別にお問い合わせ下さい。

Ⅲ その他の改正事項

1 医療法人の会計

「医療法人の会計は，この法律及びこの法律に基づく厚生労働省令の規定によるほか，一般に公正と認められる会計の慣行に従うものとする。」と法50条で規定され，平成29年4月2日以降に開始する事業年度から適用されます。

さらに，厚生労働省令で定める正確な帳簿の作成義務（法50条の2第1項）と，10年間の会計帳簿や事業に関する重要な資料の保存義務が課されています。

公認会計士等監査が義務化されている医療法人には，その会計について，次の2本の医政局長発知が発遣されており，より高い精度の会計処理等が求められています。

- 「医療法人の計算留意事項」
    （H28.4.20　医政発　0420第7号）
- 「医療法人会計基準・純資産変動計算書等の作成方法に関する運用指針」
    （H28.4.20　医政発　0420第5号）

法51条2項では，「その事業活動の規模その他の事情を勘案して厚生労働省令で定める基準に該当する」医療法人は，厚生労働省令で定めるところにより「貸借対照表および損益計算書」を作成しなければならないと規定しています。厚生労働省令で定める基準として新しく「医療法人会計基準（平成28年4月20日省令95号）」が制定されました。具体的には，「法51条2項に規定する医療法人は，この省令で定めるところにより，貸借対照表および損益計算書を作成しなければならない。ただし，他の法令に規定がある場合には，この限りでない。」と定められています。

2　医療法人会計基準のポイント

　厚生労働省・医政局長が，法51条2項の医療法人に義務化して，「医療法人会計基準について」（医政発0319第3号　平成26年3月19日）を公示した医療法人会計基準のポイントは次のとおりです。

1　会計の原則を規定
- 真実性，正確性，明瞭性，継続性，重要性を原則とする。
- 総額記載を原則とし，単位は千円とする。

2　貸借対照表における区分・用語の定義・様式等を規定
- 資産の部（流動資産・固定資産），負債の部（流動負債・固定負債），純資産の部（出資金・基金・積立金・評価換算差額等）に区分する。
- 出資金は社員の出資，基金は医療法施行規則に基づく基金である。
- 積立金には設立等積立金，代替基金（基金の返還金相当額），繰越利益積立金その他適当な名称を付して計上する。
- 資産は原則取得価額を計上するが，時価が著しく下落した場合には時価で計上する。未収金・貸付金は貸倒引当金を控除する。
- 資産は，棚卸資産，有形固定資産，無形固定資産，有価証券資産等として計上する。
- 棚卸資産は，最終仕入原価法・先入先出法・総平均法・移動平均法から選択適用する。
- 固定資産の取得に係る補助金等を直接減額方式または積立金経理により圧縮記帳して計上する。
- リース取引のうち，300万円未満の取引・負債200億円以下の法人における取引は賃貸借処理を行うことが可能（一般的には売買取引とみなす）。
- 退職給付引当金には，退職給付に係る見積債務額（年金数理計算結果）から年金資産額等を控除したものを計上する。従業員が300人未満の場合，

従業員構成が均質でなく適用要件を満たさない場合、負債額が200億円以下である場合については簡便法（規程等に基づく仮定額を計上）を適用する。

経過措置として、会計基準適用前発生額については、15年以内または従業員の平均残存勤務年数のいずれか短い年数に分けて計上することも可能。

3 損益計算書における区分・用語の定義・様式等を規定
- 事業損益（本来業務・附帯業務・収益業務に区分）、経常損益（事業損益から利息等を加減）、純損益（経常損益から固定資産売却等の特別損益を加減し、法人税等を控除）に区分する。
- 法人本部を独立した会計としている場合の本部費は、上記ごとに配分することなく、本来業務事業損益に計上する。

4 重要な会計方針・注記の記載内容、関連様式を規定
- 重要な会計方針である、資産の評価内容、固定資産の減価償却方法（定率法・定額法）、引当金の計上内容、消費税の会計処理方法（税抜き・税込み）等を記載する。
- 注記として、担保の状況、関係事業者の状況等の事項を記載する。
- 財産目録、純資産変動計算書、附属明細表（有形固定資産等明細表・引当金明細表・借入金等明細表・有価証券明細表・事業費用明細表）の様式を規定する。

いずれも先に示しました2本の通知に詳細が示されています。

3　外部監査

(1) 監査対象医療法人

平成29年4月2日以降に開始する会計年度（3月末日決算法人であれば、平成30年4月1日からの会計年度）で、次の医療法人は、公認会計士または監査

法人（以下「公認会計士等」という）の監査を受けることが，法51条2項により義務付けられました。

①	最終会計年度に係る貸借対照表の**負債**の部に計上した額の合計額が**50億円以上**または最終会計年度に係る損益計算書の**収益**の部に計上した額の合計額が**70億円以上**である医療法人（**社会医療法人を除く**）
②	最終会計年度に係る貸借対照表の**負債**の部に計上した額の合計額が**20億円以上**または最終会計年度に係る損益計算書の**収益**の部に計上した額の合計額が**10億円以上**である**社会医療法人**
③	社会医療法人債発行法人である社会医療法人

　ここに示しました金額の基準は，知事に届け出た（事業報告書等）貸借対照表と損益計算書により判断し，業務監査は除かれ会計監査のみが対象となります。なお，連携推進法人もこの監査対象とされています。

(2) 監査の受けかた

　筆者は，かつて公認会計士として上場会社の監査に従事した経験から，医療法人で2年後にいきなり公認会計士等の監査に耐えられる（無限定適正意見をうる）医療法人は少ないと思っています。

　そこで，30年会計年度までに，公認会計士等を選定して次のように内部統制組織の充実や会計処理システムの高度化を図っていくべきです。

Step 1	H28.4.1〜H29.3.31	〔2〜3ヵ月短期調査〕	課題，問題点の抽出，是正
Step 2	H29.4.1〜H30.3.31	〔任意監査〕	指導を受けながら適正化
Step 3	H30.4.1〜H31.3.31	〔本監査〕	法令にそった**監査**

　233頁に示すJPBM医業経営部会の研究仲間である清陽監査法人は，ある外部監査対象となる医療法人に既にStep 1を実施しています。

4　関係事業者

(1)　関係事業者取引の開示

　医療法人は，毎会計年度終了後2月以内に「事業報告書等」を作成しなければなりません。この事業報告書等とは，事業報告書，財産目録，貸借対照表，損益計算書，その他厚生労働省令で定める書類の4種類とされていました。

　改正医療法により，新たに「関係事業者との取引の状況に関する報告書」が加えられ，平成29年4月2日以降に始まる会計年度から適用されることになりました。ここでいう関係事業者とは，「理事長の配偶者がその代表であることその他の当該医療法人またはその役員と厚生労働省令で定める特殊の関係がある者をいう」（法51条1項かっこ書）と規定されています。

(2)　関係事業者の定義，その取引

　取引状況に関する報告書を作成し，届出をすることとなる関係事業者とは，MS（Medical Service）法人と言われており，具体的には，その医療法人と，次の②に掲げる取引を行う場合における①に掲げる者とされています。

　① ②に掲げる取引を行う者
　　ア　当該医療法人の役員またはその近親者（配偶者または二親等内の親族）
　　イ　当該医療法人の役員またはその近親者が代表者である法人
　　ウ　当該医療法人の役員またはその近親者が株主総会，評議員会，取締役会，理事会の議決権の過半数を占めている法人
　　エ　他の法人の役員が当該医療法人の社員総会，評議員会，理事会の議決権の過半数を占めている場合の他の法人
　　オ　ウの法人の役員が他の法人（当該医療法人を除く）の株主総会，社員総会，評議員会，取締役会，理事会の議決権の過半数を占めている場合の他の法人
　② 当該医療法人と行う取引

ア 事業収益または事業費用の額が，1千万円以上であり，かつ当該医療法人の当該会計年度における事業収益の総額（本来業務事業収益，附帯業務事業収益および収益業務事業利益の総額）または事業費用の総額（本来業務事業費用，附帯業務事業費用および収益業務事業費用の総額）の10％以上を占める取引

イ 事業外収益または事業外費用の額が，1千万円以上であり，かつ当該医療法人の当該会計年度における事業外収益または事業外費用の総額10％以上を占める取引

ウ 特別利益または特別損失の額が，1千万円以上である取引

エ 資産または負債の総額が，当該医療法人の当該会計年度の末日における総資産の1％以上を占め，かつ1千万円を超える残高になる取引

オ 資金貸借，有形固定資産および有価証券の売買その他の取引の総額が，1千万円以上であり，かつ当該医療法人の当該会計年度の末日における総資産の1％以上を占める取引

カ 事業の譲受または譲渡の場合，資産または負債のいずれか大きい額が1千万円以上であり，かつ当該医療法人の当該会計年度の末日における総資産の1％を占める取引

(3) 関係事業者との取引に関する報告

関係事業者との取引に関する報告については，次に掲げる事項を関係事業者ごとに記載しなければならないとされています。

① 当該関係事業者が法人の場合には，その名称，所在地，直近の会計期末における総資産額および事業の内容
② 当該関係事業者が個人の場合には，その氏名および職業
③ 当該医療法人と関係事業者との関係
④ 取引の内容
⑤ 取引の種類別の取引金額
⑥ 取引条件および取引条件の決定方法

⑦ 取引により発生した債権債務に係る主な科目別の期末残高
⑧ 取引条件の変更があった場合には，その旨，変更の内容および当該変更が計算書類に与えている影響の内容

ただし，関係事業者との間の取引のうち，次に定める取引については，報告を要しないとされています。
　イ　一般競争入札による取引ならびに預金利息および配当金の受取りその他取引の性格からみて取引条件が一般の取引と同様であることが明白な取引
　ロ　役員に対する報酬，賞与および退職慰労金の支払い

(4) その様式

様式5

法人名　_____　　※医療法人整理番号 | | | |
所在地　_____

関係事業者との取引の状況に関する報告書

(1)法人である関係事業者

種類	名称	所在地	資産総額(千円)	事業の内容	関係事業者との関係	取引の内容	取引金額(千円)	科目	期末残高(千円)

(取引条件及び取引条件の決定方針等)

(2)個人である関係事業者

種類	氏名	職業	関係事業者との関係	取引の内容	取引金額(千円)	科目	期末残高(千円)

(取引条件及び取引条件の決定方針等)

(厚労省　H28.4.20　医政支発0420第2号　関係事業者との取引の状況に関する報告書の様式等について)

5 医療法人の合併と分割

【A 医療法人の合併】

(1) 合併・譲渡損益と繰延べ

「合併」とは、2以上の医療法人が法定の手続によって行われる医療法人相互間の契約によって1つの医療法人となることであり、消滅する医療法人の全資産が包括的に存続する医療法人または新設の医療法人に移転すると同時に、その社員が、存続する医療法人または新設の医療法人の社員となる効果を伴うものであります。また、社団たる医療法人と財団たる医療法人の合併も認められることになりました。

合併には、新設合併と吸収合併があります。

医療法人同士が合併し、被合併法人(合併により所有する資産や負債の移転を行った法人)から合併法人(合併により被合併法人から資産や負債の移転を受けた法人)へ資産が移転した場合には、原則として、移転した資産の時価により譲渡損益が発生(譲渡利益は益金に算入、譲渡損失は損金に算入)します。この譲渡損益は、被合併法人の最後事業年度(被合併法人の合併前日の属する事業年度をいいます)において認識し、資産・負債を時価で譲渡したものとして所得金額を計算し、法人税等を未払計上して合併法人に引き継ぎます。この場合、合併法人はすべての資産・負債を時価で受け入れ、差額は利益積立金額の増加または減少となります。

ただし、例外として、税務上の一定の要件を満たす場合には、「適格合併」として、譲渡損益が繰り延べられ最後事業年度終了時の資産の帳簿価額が合併法人に引き継がれることになります。この場合、資産と負債の帳簿価額の差額が合併法人の利益積立金額となります。

(2) 適格合併

譲渡損益が繰り延べられる適格合併に該当するためには、まず、合併に際し

て被合併法人の出資者に交付するのが合併法人の出資だけであることが条件となります。合併に際し金銭等の交付がされると適格合併にはなりません（ただし，合併に反する出資者に対し，買取請求に基づく対価として交付する金銭等は除かれます）。

次に，その合併が，企業グループ内の合併か，または，共同事業を行うための合併，のいずれかに該当することが必要であり，持分関係で整理しますと，次の表のようになります。

図表1－10　適格合併の要件表

要　件	持　分　関　係		
	企業グループ内		共同事業
	100%	50%超 100%未満	50%以下
①交付は合併法人の出資だけ（金銭等の交付なし）	○	○	○
②従業者引継ぎ	―	○	○
③事業継続	―	○	○
④事業関連	―	―	○
⑤事業規模 (※)	―	―	○
⑥特定役員引継ぎ (※)	―	―	○
⑦出資継続保有	―	―	○ （経過措置法人のみ）

なお，事業規模条件と特定役員引継ぎ要件はいずれか1つの条件を満たせばよい（※）とされていますが，非適格合併の場合，非合併法人の出資者にみなし配当所得課税がなされます。

(3)　存続法人の純資産

適格合併に該当する場合，被合併法人の利益積立金額は合併法人に引き継がれます。また，資産等の移転は簿価で行われ，移転資産等の簿価純資産から引

き継いだ利益積立金額を控除した金額が合併法人の資本金等の額を構成します。
　適格合併に該当しない場合（非適格合併）には，利益積立金額の引継ぎはされません。被合併法人から移転した資産等の時価純資産が合併法人の資本金等の額を構成します。

(4)　経過措置医療法人間の合併で持分放棄

　経過措置医療法人間の合併で出資を持つ社員全員が持分放棄し，持分なし社団医療法人が存続（または新設）法人となるようなケースも考えられます。それが「相続税等の負担が不当に減少した結果となると認められた」場合には，医療法人（存続法人）を個人とみなして贈与税課税がされる可能性が強く，第4章Ⅰ・(2)に示した要件整備により，それを回避すべきでしょう。

【B　医療法人の分割】

(1)　制度の新設

　平成27年9月28日に公布された改正法により，分割が新しく法制化され，平成28年9月1日から施行されることとなりました。分割には，吸収分割と，新設分割の2種類があります。
　分割制度が設けられたのは，従来のように事業譲渡の場合には，病院の廃止届出・新規の開設許可が必要となることや，債権者の個別の承諾が必要となるなど，期間をかけ，手続が煩雑なことから，株式会社などの制度に合わせて，合併と同様に，医療法人においても分割の制度が新設されることになりました。
　その際，分割制度の対象範囲としては，持分あり医療法人は既存の法人しか認めていないことから対象外で，持分なし医療法人（社団・財団）についてのみ認めることとされました。また，税制上の観点から社会医療法人および特定医療法人は分割の対象外とされました。法42条の3第1項の規定による実施計画の認定を受けた医療法人（基金型医療法人をふくむ）も分割することはできません。
　次に厚生労働省・医政局・医療経営支援課が示した，分割に係る**図表1－11**

を示します。

(2) 規定の整備

図表1-11 医療法人の分割の規定の整備

28年9月施行

○ 趣旨
医療法人において、合併と同様の手続を、分割についても整備。（第60条～第61条の6）
○ 具体的内容
医療法人の病院事業等に関する権利義務を
①新設分割：新しく設立する医療法人に承継させること。
②吸収分割：既存の他の医療法人に承継させること。

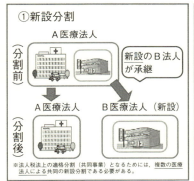
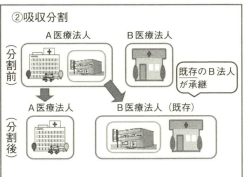

※法人税法上の適格分割（共同事業）となるためには、複数の医療法人による共同の新設分割である必要がある。

※分割制度において、分割元の医療法人（新設分割医療法人・吸収分割医療法人）、分割先の医療法人（新設分割設立医療法人・吸収分割承継医療法人）とならない医療法人：社会医療法人、特定医療法人、持分あり医療法人　等

（厚労省・医政局・医療経営支援課が示した図表　2016.5.19 厚労省HP掲載）

(3) 添付書類

図表1-12 分割認可の申請に必要な添付書類

28年9月施行

吸収分割の場合	新設分割の場合
○ 理由書 ○ 法第60条の3第1項又は第3項の手続を経たことを証する書類 ・社団たる医療法人の場合：吸収分割契約についての総社員の同意 ・財団たる医療法人の場合：吸収分割契約についての理事の3分の2以上の同意（寄附行為に別段の定めがある場合は，この限りでない。） ○ 吸収分割契約書の写し ○ 吸収分割前の吸収分割医療法人及び吸収分割承継医療法人の財産目録及び貸借対照表 ○ 吸収分割後の吸収分割医療法人及び吸収分割承継医療法人について，定款又は寄附行為。医療法施行規則第31条第7号，第10号及び第11号に掲げる書類 ・吸収分割後2年間の事業計画及びこれに伴う予算書 ・新たに就任する役員の就任承諾書及び履歴書 ・開設しようとする病院，診療所又は介護老人保健施設の管理者となるべき者の氏名を記載した書面	○ 理由書 ○ 法第61条の3において読み替えて準用する法第60条の3第1項又は第3項の手続を経たことを証する書類 ・社団たる医療法人の場合：新設分割計画についての総社員の同意 ・財団たる医療法人の場合：新設分割計画についての理事の3分の2以上の同意（寄附行為に別段の定めがある場合は，この限りでない。） ○ 新設分割計画の写し ○ 新設分割前の新設分割医療法人の財産目録及び貸借対照表 ○ 新設分割後の新設分割医療法人及び新設分割設立医療法人について，定款又は寄附行為，医療法施行規則第31条第7号，第10号及び第11号に掲げる書類 ・新設分割後2年間の事業計画及びこれに伴う予算書 ・新たに就任する役員の就任承諾書及び履歴書 ・開設しようとする病院，診療所又は介護老人保健施設の管理者となるべき者の氏名を記載した書面

（厚労省・医政局・医療経営支援課が示した図表　2016.5.19 厚労省HP掲載）

　このように医療法人の分割は，持分なし法人に限定されていますので，適格要件のうち先の適格合併の要件表（**図表1-10**）でも示しました⑦の「取得株式の継続保有に関する要件」は不要とされ，次のような取扱いがなされます。

(4) 適格分割の課税要件

図表1-13 医療法人の分割における適格分割について

医療法人の分割における適格分割について（分割する資産に係る法人税の課税繰延べ等）

> 医療法人の分割は，持分なし医療法人（社会医療法人・特定医療法人は除く）を対象とする。
> このうち，組織再編成として，複数の法人が関わる分割については，以下の要件を満たせば適格分割となり，分割して移転する資産に係る法人税が課税繰延べ，不動産取得税が非課税となる。

株式会社の適格分割（共同で事業を営むための分割の場合）の要件		医療法人の分割への適用可能性
事業関連性に関する要件	・分割対象の事業が分割を承継する法人の事業と関連するものであるかどうか	適用可能
事業規模類似又は特定役員参画に関する要件	・分割対象の事業と分割を承継する法人の事業規模（売上金額，従業員数）がおおむね5倍を超えないかどうか 又は ・分割前の法人の役員が分割を承継する法人の役員となることが見込まれているかどうか	適用可能
資産移転に関する要件	・分割対象の事業の主要な資産及び負債が分割を承継する法人に移転しているかどうか	適用可能
従業員引継に関する要件	・分割対象の事業に従事していた従業員数のおおむね80％以上に相当する数の者が分割を承継する法人で従事することが見込まれているかどうか	適用可能
事業継続に関する要件	・分割対象の事業が分割を承継する法人においても引き続き営まれることが見込まれているかどうか	適用可能
取得株式継続保有に関する要件	・分割により新たに交付を受ける分割を承継する法人の株式の全部を継続して保有する者等が有する株式の合計数が，分割前の法人の発行済株式の80％以上であること（株主50人以上の場合は不問）	左記要件を不要とする税制改正要望を提出中※

（厚生労働省　第8回医療法人の事業展開等に関する検討会：H26.11.27の資料）
（※）では「要望提出中」と示されていますが，税制改正で「不要」とされ，要望どおりになっています。

6　特別代理人・選任の不用

　医療法人で理事長と理事長個人に取引がある場合，利益相反となるので，知事から特別代理人の選任を受けて，その特別代理人が理事長個人と契約を締結することになり(A)，この手続を経ない契約は無効です。

　ただし，改正法(B)，(C)，(D)ならびに平成28年3月25日厚生労働省医政局長通知（医政発0325第3号）(E)が発遣され，同年9月1日から，これらの規定が施行されることになりました。

　この規定は，改正法により理事会で「重要な事実の開示の承認」は残るものの知事による特別代理人の選任が不要となり，その関係法令の規定を示します。

　なお，施行日前までのこの取引は，特別代理人の選任が必要となりますのでご注意下さい。

【平成28年8月31日まで】
(A)　旧法の第46条の4（一部）の規定
　（理事長，理事及び監事の職務等）

第46条の4　理事長は，医療法人を代表し，その業務を総理する。
　6　医療法人と理事との利益が相反する事項については，理事は，代理権を有しない。この場合においては，都道府県知事は，利害関係人の請求により又は職権で，特別代理人を選任しなければならない。

【平成28年9月1日以後】
(B)　改正法第46条の6の4の規定（一般社団財団法84条の引用）

　第46条の6の4　一般社団法人および一般財団法人に関する法律78条，80条，82条から84条まで，88条（第2項を除く。）および89条の規定は，社団たる医療法人および財団たる医療法人の理事について準用する。この場合において，当該理事について準用する同法84条第1項中「社員総会」とあるのは「理事会」と，同法88条第1項中「著しい」とあるのは「回復するこ

とができない」と読み替えるものとし，財団たる医療法人の理事について準用する同法83条中「定款」とあるのは「寄附行為」と，「社員総会」とあるのは「評議員会」と，同法88条の見出しおよび同条第1項中「社員」とあるのは「評議員」と，同項および同法89条中「定款」とあるのは「寄附行為」と，同条中「社員総会」とあるのは「評議員会」と読み替えるものとするほか，必要な技術的読替えは，政令で定める。

（注）───（アンダーライン部分）は，新設。

(C) 一般社団財団法第84条の規定
（競業および利益相反取引の制限）
第84条　理事は，次に掲げる場合には，社員総会において，当該取引につき重要な事実を開示し，その承認を受けなければならない。
　1　理事が自己または第三者のために一般社団法人の事業の部類に属する取引をしようとするとき。
　2　理事が自己または第三者のために一般社団法人と取引をしようとするとき。
　3　一般社団法人が理事の債務を保証することその他理事以外の者との間において一般社団法人と当該理事との利益が相反する取引をしようとするとき。
　4　民法（明治29年法律89号）108条の規定は，前項の承認を受けた同項第2号の取引については，適用しない。

(D) 一般社団財団法第92条の規定
（競業および理事会設置一般社団法人との取引等の制限）
第92条　理事会設置一般社団法人における84条の規定の適用については，同条第1項中「社員総会」とあるのは，「理事会」とする。
　2　理事会設置一般社団法人においては，84条1項各号の取引をした理事は，当該取引後，遅滞なく，当該取引についての重要な事実を理事会に

報告しなければならない。

(E)
5　理事に関する次項について（法46条の6から46条の6の4関係）
（中略）
(2)　理事の責務等について
　① 　理事は，医療法人に著しい損害をおよぼすおそれのある事実があることを発見したときは，直ちに，当該事実を監事に報告しなければならないこと。
　② 　理事は，法令および定款または寄附行為ならびに社員総会または評議員会の決議を遵守し，医療法人のため忠実にその職務を行わなければならないこと。
　③ 　理事は，次に掲げる競合および利益相反取引を行う場合には，<u>理事会において，当該取引につき重要な事実を開示し，その承認を受けなければならないこと</u>。
　　ア　自己または第三者のためにする医療法人の事業の部類に属する取引
　　イ　自己または第三者のためにする医療法人との取引
　　ウ　医療法人が当該理事の債務を保証することその他当該理事以外の者との間における医療法人と当該理事との利益が相反する取引
　④ 　民法108条の規定は，理事会の承認を受けた③のイの取引については，適用しないこと。

（注）――――（アンダーライン）は，筆者。

　くり返しになりますが，従来の自己取引による「特別代理人の選任」がなくなり「重要な事実を開示し，その承認」があればよいことになりました。

Column 10　医療法人の理事と社員の適格性

医療法人運営管理指導要綱では，医療法人の理事と社員の適格性について次のように示しています。

A　理事
1. 自然人であること
2. 欠格事由に該当しないこと（選任時だけでなく，在任期間中においても同様である）。

欠格事由として法46条の2第2項で次のように規定化。
① 成年被後見人または被保佐人
② 医療法，医師法等医事に関する法令の規定により罰金以上の刑に処せられ，その執行を終わり，または執行を受けることがなくなった日から起算して2年を経過しない者
③ ②に該当する者を除くほか，禁錮以上の刑に処せられ，その執行を終わり，または，執行を受けることがなくなるまでの者

- 医療法人と関係のある特定の営利法人の役員が理事長に就任したり，役員として参画していることは，非営利性という観点から適当でないこと。

B　社員

社員は社員総会において法人運営の重要事項についての議決権および選挙権を行使する者であり，実際に法人の意思決定に参画できない者が名目的に社員に選任されていることは適正でないこと。

さらに未成年でも，自分の意思で議決権が行使できる程度の弁別能力を有していれば（義務教育終了程度の者）社員となることができるとしており，理事が自然人に限定されているのに，社員はその規定がなく，非営利の法人でも社員になれるとされています。

Ⅳ 定款等の変更等

1 定款の変更

　医療法人社団の定款は，それぞれの類型で「定款例」を選択し，平成28 (2016) 年9月1日の施行日に合わせて，社会医療法人と大規模医療法人（公認会計士等の監査義務化法人）は「速やかに行うこと」が望ましく，それ以外の法人は「2年以内」とされています。しかし後者は「四半期報告制度」をとらないとすれば，少なくとも次会計期の前までに実施すべきでしょう。

(1) 社団医療法人が定款を変更するには，社員総会の決議をうることが必要です。

(2) 財団医療法人が寄附行為を変更する場合について（略）

(3) 定款の変更は，次に掲げる事項を除き，都道府県知事の認可を受けなければ，その効力を生じません。
　ア　事務所の所在地
　　※　ただし，「主たる事務所」の所在地の変更が都道府県を異にする場合，定款における監督権限のある都道府県知事の変更は，定款の変更に係る認可が必要になることに留意が必要です。
　イ　公告の方法

(4) 都道府県知事は，Ⅱの3の認可の申請があった場合には，定款の内容が法令の規定に違反していないこと，およびその変更の手続が法令または定

款に違反していないことなどを審査した上で，認可を決定します。

(5) 医療法人は，Ⅱの3の(1)および(2)に係る定款の変更をしたときは，遅滞なく，その変更した定款を都道府県知事に届け出が必要です。

(6) 法44条5項の規定は，定款の変更により，残余財産の帰属すべき者に関する規定を設け，または変更する場合について準用。

2 定款3細則の変更・新設

医療法人社団の最高規範は，定款（4種類）であり，医療法人財団は寄附行為（3種）であり，7種のものが改正の必要があり，その「例」を第2章で示してあります。

医療法人の総数51,958法人（平成28年3月31日現在　以下同じ）のうち医療法人財団381法人（0.73％）であり，それを除き，基金拠出型を2種（非課税移行型，一般型）に分けて，定款3細則等との関連を図表で示すと次のようになります。

図表1-14 定款・3細則等の関連図表

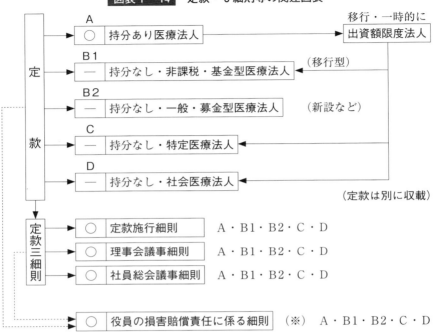

(注) ① (※)印は，任意に策定し，○印を付した，もしくは付すもの（定款はA～Dのいずれか1つ）は，制定が強制されるもの。
② 定款は，新定款例を中心とした新旧比較表と新定款例が必要。

　定款3細則は，定款で作成が義務付けられており，「役員の損害賠償責任に係る細則」は，任意であり，制定を義務化されていませんが，筆者は恣意性がなく，ブレのない損害賠償責任を執行するために作成すべきと考えています。

3 改正法令の経過措置

　改正法附則2条から5条および医療法の一部を改正する法律の一部の施行に伴う関係政令の整備および経過措置に関する政令4条関係について，以下にまとめます。

(1) 医療法人の役員

医療法人の役員は，社員総会の決議によって選任する旨を定めた法46条の5第2項および3項の規定は，施行日以後に行われる役員の選任について適用すること，また，施行日において現に医療法人の役員である者の任期も，なお従前の例によることになります。

(2) 施行日（H28.9.1）・（現）理事長の代表権

施行日において現に存する医療法人の理事長の代表権については，施行日以後に理事会において選出された理事長が就任するまでの間は，なお従前の例によることになります。

(3) （現）理事・監事の施行日前の損害賠償責任

施行日において現に存する医療法人の理事または監事の施行日前の行為に基づく損害賠償責任については，なお従前の例によることになります。

（注）評議員を除く。

(4) 評議員について（本書では略）

(5) 施行日（平成28年9月2日）において現に存する医療法人の評議員
　　（本書では略）

(6) 都道府県の対応

医療法改正に伴う定款（寄附行為）の変更について，京都府医療課は次のように事務連絡を発出しています。都道府県で，このように取扱いが異なることもありえますのでご注意下さい。

> **医療法改正に伴う手続等について**
>
> 　平成27年9月28日に公布された「医療法の一部を改正する法律」が，平成28年9月1日から施行されます。
> 　つきましては，下記のとおり，改正後の法令に対応した医療法人の定款（財団たる医療法人については寄附行為）変更について，必要な手続を行うとともに，医療法人の運営を適切に実施いただきますようお願いいたします。
> - 法改正に伴う医療法人の定款（寄附行為）変更について
>   　下記のア及びイの区分に応じて，定款（寄附行為）の変更を行っていただきますようお願いいたします。なお，具体的な手続の方法につきましては，医療課又は管轄の保健所までお問い合わせ頂きますようお願いいたします。
>   　<u>ア　社会医療法人，大規模の法人及び現行定款に理事会の規定がない法人</u>
>   　　→平成30年8月31日までに変更申請を行うこと。
>   　<u>イ　ア以外の法人</u>
>   　　→期限等は設けませんので，附帯業務の追加など他の項目の定款変更認可申請の際を活用するなど，必要に応じて変更してください。
> - その他の留意事項
>   　定款変更を行わない場合においても，法令の規定が優先されるため，<u>「医療法人の機関について」（平成28年8月25日付け医政発0325第3号厚生労働省医政局長通知）</u>を参照の上，会議の運営，役員の選任，議事録の作成など，適切な法人運営を行ってください。

　末尾の文章のアンダーライン（京都府医療課）および傍点（筆者）は大事です。「四半期報告制度」や「役員の損害賠償責任の免除」などは，平成28年9月1日で施行されており，定款改正がない限り，原則として法の規定に従って実施することになり，理事会決議または責任限定契約での一部免除はできません。

4　持分あり（経過措置）法人の定款変更

　先に一部を説明していますが，「医療法人の機関について」（平成28年3月25日 医政発0325第3号 厚生労働省医政局長）第2で，次のように示しています。

(定款例の改正)

施行日以後に設立認可等の申請をする医療法人の定款例については,次に掲げる一部改正後の定款例とすること。

また,施行日において現に存する医療法人の定款について,理事会に関する規定が置かれていない場合には,改正法附則第6条の規定に基づき,施行日から起算して2年以内に定款の変更に係る認可申請をしなければならない。ただし,理事会に関して,変更前の定款例に倣った規定が置かれている場合は,この限りでないとされています。

なお,社会医療法人および大規模の医療法人については,改正後の定款例に倣った定款の変更に係る認可申請を速やかに行うことが望ましいこと。それ以外の医療法人については,当分の間,必ずしも定款例と同様の規定を設けなくても構わないこととされており,次のように定款例が7種類示されています。

① 社団医療法人の定款例（平成19年医政発第0330049号）　　　　別添1
② 財団医療法人の寄附行為例（平成19年医政発第0330049号）　　別添2
③ 特定医療法人の定款例（平成15年医政発第1009008号）　　　　別添3
④ 特定医療法人の寄附行為例（平成15年医政発第1009008号）　　別添4
⑤ 出資額限度法人のモデル定款（平成16年医政発第0813001号）　別添5
⑥ 社会医療法人の定款例（平成20年医政発第0331008号）　　　　別添6
⑦ 社会医療法人の寄附行為例（平成20年医政発第0331008号）　　別添7

ここで注意が必要なのは,別添1の社団医療法人の定款例は,平成19年医政発0330049号で発遣されたもので,新・旧の残余財産の帰属先が次のように示されていることです。

改　正　後		改　正　前	
社団医療法人の定款例	備考	社団医療法人の定款例	備考
<u>第44条</u>　本社団が解散した場合の残余財産は,合併及び破産手続開始の決定による解散の場合を除き,次の者から選定して帰属させるものとする。		<u>第34条</u>　本社団が解散した場合の残余財産は,合併及び破産手続開始の決定による解散の場合を除き,次の者から選定して帰属させるものとする。	

(1) 国 (2) 地方公共団体 (3) 医療法第31条に定める公的医療機関の開設者 (4) 都道府県医師会又は郡市区医師会（一般社団法人又は一般財団法人に限る。） (5) <u>財団たる医療法人又は社団たる医療法人</u>であって持分の定めのないもの	(1) 国 (2) 地方公共団体 (3) 医療法第31条に定める公的医療機関の開設者 (4) 都道府県医師会又は郡市区医師会（一般社団法人又は一般財団法人に限る。） (5) 財団医療法人又は社団医療法人であって持分の定めのないもの

　これは，社団医療法人の持分なし医療法人の定款例であり，持分あり医療法人の定款例ではありません。この通知の一部改正として，次のような（別添10）が示されています。

(別添10)

○「医療法人制度について（平成19年医政発第0330049号）」の一部改正

改　正　後	改　正　前
第1　改正の内容 1（略） 2　社会医療法人制度の創設について	第1　改正の内容 1（略） 2　社会医療法人制度の創設について
（中　略）	
3　残余財産の帰属すべき者について (1)～(3)（略） (4)　社団である医療法人で持分の定めのあるもの（いわゆる「出資額限度法人」について（平成16年医政発第0813001号厚生労働省医政局長通知）に規定する出資額限度法人を含む。以下「持分の定めのある社団医療法人」という。）は，改正法附則<u>第10条の2</u>に規定する<u>経過措置医療法人</u>に位置付けられること。 (5)　施行日前に設立された医療法人で，施行日以降に残余財産の帰属すべき者	3　残余財産の帰属すべき者について (1)～(3)（略） (4)　社団である医療法人で持分の定めのあるもの（いわゆる「出資額限度法人」について（平成16年医政発第0813001号厚生労働省医政局長通知）に規定する出資額限度法人を含む。以下「持分の定めのある社団医療法人」という。）は，改正法附則<u>第10条第2項</u>に規定する<u>医療法人（以下「経過措置型医療法人」という。）</u>に位置付けられること。 (5)　施行日前に設立された医療法人で，施行日以降に残余財産の帰属すべき者

に関する規定について定款又は寄附行為の変更の認可の申請を行い，当該変更につき法第54条の9第3項の認可を受けた医療法人及び(3)により新たに設立された医療法人は，改正法附則第10条第2項の規定により<u>経過措置医療法人</u>へ移行できないこと。	に関する規定について定款又は寄附行為の変更の認可の申請を行い，当該変更につき法第50条第1項の認可を受けた医療法人及び(3)により新たに設立された医療法人は，改正法附則第10条第2項の規定により<u>経過措置型医療法人</u>へ移行できないこと。
(6) なお，規則第35条第2項の規定により，合併前の医療法人のいずれもが<u>経過措置医療法人</u>である場合には，合併後存続する医療法人について<u>経過措置医療法人</u>とすることができること。	(6) なお，規則第35条第2項の規定により，合併前の医療法人のいずれもが<u>経過措置型医療法人</u>である場合には，合併後存続する医療法人について<u>経過措置型医療法人</u>とすることができること。
4 医療法人の管理体制について	4 医療法人の管理体制の<u>見直し</u>について
(1) 法第46条の2から<u>第49条の3</u>までの規定は，<u>社員総会，評議員，評議員会，理事，理事会及び監事</u>の各機能を明確にすることにより，医療法人の内部管理体制の明確化を通じた効率的な医業経営の推進を図るものであること。	(1) 法第46条の2から第49条の4までの規定は，<u>理事若しくは監事又は社員総会若しくは評議員会</u>の各機能を明確にすることにより，医療法人の内部管理体制の明確化を通じた効率的な医業経営の推進を図るものであること。

（中　略）

　持分あり医療法人は，法附則10条2項の経過措置型から，法附則10条の2の経過措置法人となり，移行や合併の制約などが示されています。

　改正法上の「型」として存在しない法人であり，定款例は示されていませんので，「トビラ」で示しましたように（別添5）「出資額限度法人」の定款例に，社団医療法人（持分あり）モデル定款（昭和61年健政発410号厚生省健康政策局長通知）を参酌しながら，（本書の第2章・Ⅱ・Aで示しましたが）自法人の諸事情をくみ込み新定款をつくり定款変更申請をすることになります。

　一般的に「2年間」の猶予期間がありそうですが，先に示した「四半期報告会の実施」は，法として施行され猶予期間は限定的なものになると考えています。

医療法人のガバナンス，定款と細則

　医療法人制度改正により医療法人社団では，定款改正が必要なことを第1章医療法人制度改正の概要のⅣで示しました。第2章は，その続きとなるものでⅠは医療法人のガバナンスと改正規定，特に新たに医療法人に義務化されたもの（3項目）と条件付きで義務化されたもの（9項目）を明示，Ⅱは，定款例の体系とポイントを示しました。
　この章はその理解を助けるため，医療法人で最も多い，持分あり（経過措置）医療法人を中心に，その定款等を2区分に分けて細則も示しました。

Ⅰ　医療法人のガバナンスと改正規定
Ⅱ　定款例の体系と選択
　　1　定款例と定款3細則
　　2　持分あり医療法人の定款例と細則
　　　A　定　　款　　A1　新定款
　　　　　　　　　　A2　新旧比較表
　　　B　3　細　則　B1　定款施行細則
　　　　　　　　　　B2　理事会議事細則
　　　　　　　　　　B3　社員総会議事細則
　　　C　責任細則　　C1　役員の損害賠償責任に係る細則

　この4つの細則の例文（案）を，それぞれに示しています。なお，Cの作成は任意ですが，必要なものと考えておりますので示しました。
　これらの書類様式は，あくまでも例文（または文例）の（案）であり，それぞれの法人の実情に合わせ修正して用いて下さい。
　さらに，この時点で明らかにされていませんが，一般社団財団法をふまえた連携推進法人の定款や諸細則は社会医療法人に近似するものとなると考えています。なお，BとCの4つの細則は，弁護士法人東法律事務所　所長弁護士・東　健一郎氏との共同策定であることを附言します。

I 医療法人のガバナンスと改正規定

1 改正規定の整理

　厚生労働省・医政局・医療経営支援課が平成28年9月施行の「以下は法律事由であり、定款・寄附行為に規定がなくても全医療法人に適用される。モデル定款等は法改正を踏まえて改正したが、医療法人においては、定款・寄附行為を施行するまでに必ずしも改正する必要はない。」として分類欄に付した符号等を次のように示しています。

- 新規事項：**黒**，法律・モデル定款等記載既存事項：**白**
- 医療法人（理事長等含む）の義務：○，条件義務：□，医療法人の任意：△
　その他法定事項：◇
- 現行医療法に規定：法，モデル定款に規定：モ，指導要綱に規定：指

第2章 医療法人のガバナンス，定款と細則

図表2−1 医療法人のガバナンスに関する改正規定の整理

区分	項目	根拠条文	分	類
機関の設置	社員総会（評議員，評議員会），理事，理事会及び監事の設置	第46条の2	○	モ
社員総会	決議	第46条の3	○	モ
	社員名簿の備置	第46条の3の2第1項	○	法
	定時社員総会の開催	第46条の3の2第2項	○	法
	臨時社員総会の開催	第46条の3の2第3項	○	法
	請求時の招集義務	第46条の3の2第4項	□	法
	招集の通知義務	第46条の3の2第5項	○	法
	通知事項の決議	第46条の3の2第6項	△	法
	一社員一議決権	第46条の3の3第1項	◇	法
	決議の条件	第46条の3の3第2項	◇	法
	議事の決し方	第46条の3の3第3項	◇	法
	議長の議決参加	第46条の3の3第4項	◇	法
	議決の代替	第46条の3の3第5項	△	法
	議決の欠格事由	第46条の3の3第6項	◇	モ
	特定事項の説明	第46条の3の4	■	
	議長の選任	第46条の3の5第1項	◇	法
	議長の役割	第46条の3の5第2項	◆	
	議長の命令権	第46条の3の5第3項	▲	
	議事録の作成	第46条の3の6（一般社団財団法第57条第1項）	○	指
	議事録の備置（主たる事務所）	第46条の3の6（一般社団財団法第57条第2項）	○	指
	議事録の備置（従たる事務所）	第46条の3の6（一般社団財団法第57条第3項）	○ 例外規定有り	指
	議事録の請求	第46条の3の6（一般社団財団法第57条第4項）	▲	

区分	項　目	根拠条文	分	類
評議員及び評議員会	評議員の要件	第46条の4	◇	法
	評議員会の組織	第46条の4の2	◇	法
	定時評議員会の開催	第46条の4の3第1項	○	モ
	臨時評議員会の招集	第46条の4の3第2項	△	法・モ
	議長の設置	第46条の4の3第3項	◇	法
	請求時の招集義務	第46条の4の3第4項	○	法
	招集の通知義務	第46条の4の3第5項	○	指
	通知事項の決議	第46条の4の3第6項	▲	
	決議の条件	第46条の4の4第1項	◇	法
	議事の決し方	第46条の4の4第2項	◇	法
	議長の議決参加	第46条の4の4第3項	◇	法
	議決の欠格事由	第46条の4の4第4項	◇	モ
	理事長による評議員会の意見聴取	第46条の4の5第1項	○	法
	寄附行為の定め	第46条の4の5第2項	△	法
	役員への意見等	第46条の4の6第1項	△	法
	決算等の報告	第46条の4の6第2項	○	法
	議事録の作成	第46条の4の7 （一般社団財団法第193条第1項）	○	指
	議事録の備置（主たる事務所）	第46条の4の7 （一般社団財団法第193条第2項）	○	指
	議事録の備置（従たる事務所）	第46条の4の7 （一般社団財団法第193条第3項）	○ 例外規定有り	指
	議事録の請求	第46条の4の7 （一般社団財団法第193条第4項）	▲	
役員の選任及び解任	役員の設置	第46条の5第1項	○ 例外規定有り	法
	役員の決議（社団）	第46条の5第2項	◇	モ
	役員の決議（財団）	第46条の5第3項	◇	モ
	医療法人と役員との関係	第46条の5第4項	◆	
	役員の要件	第46条の5第5項	◇	法

第2章 医療法人のガバナンス，定款と細則

区分	項　目	根拠条文	分	類
役員の選任及び解任	管理者の加入	第46条の5第6項	○ 例外規定有り	法
	管理者の退職	第46条の5第7項	◇	法
	監事の兼任禁止	第46条の5第8項	◇	法
	役員の任期	第46条の5第9項	◇	法
	役員の解任（社団）	第46条の5の2第1項	▲	
	損害賠償の請求（社団）	第46条の5の2第2項	▲	
	決議の要件（社団）	第46条の5の2第3項	▲	
	役員の解任（財団）	第46条の5の2第4項	▲	
	決議の要件（財団）	第46条の5の2第5項	▲	
	役員の権利義務	第46条の5の3第1項	◇	モ
	一時役員の選任	第46条の5の3第2項	□	法
	役員の補充	第46条の5の3第3項	□	法
	監事の選任に関する監事の同意	第46条の5の4 （一般社団財団法第72条第1項）	●	
	議案提出の請求	第46条の5の4 （一般社団財団法第72条第2項）	▲	
	監事の選任等についての意見の陳述	第46条の5の4 （一般社団財団法第74条）	▲	
理事	理事の選出	第46条の6	◇	法
	理事長の権限等	第46条の6の2	◇	法
	監事への損害に関する報告	第46条の6の3	■	
	代表者の行為に関する損害賠償責任	第46条の6の4 （一般社団財団法第78条）	◆	（民法第415条）
	代行理事の権限	第46条の6の4 （一般社団財団法第80条）	■	
	表見理事長	第46条の6の4 （一般社団財団法第82条）	◆	（民法第109条）
	忠実義務	第46条の6の4 （一般社団財団法第83条）	◆	（民法第644条）

区分	項目	根拠条文	分類	
理事	競業及び利益相反取引の制限	第46条の6の4 （一般社団財団法第84条）	■	
	社員（評議員）による理事の行為の差止め	第46条の6の4 （一般社団財団法第88条）	▲	
	理事の報酬等の額の定め	第46条の6の4 （一般社団財団法第89条）	●	
理事会	理事会の組織	第46条の7	◆	
	理事長の権限	第46条の7の2第1項 （一般社団財団法第91条第1項）	◇	モ
	理事長の報告義務	第46条の7の2第1項 （一般社団財団法第91条第2項）	● 例外規定有り	
	競業及び医療法人との取引等の制限	第46条の7の2第1項 （一般社団財団法第92条）	■	
	理事会の招集	第46条の7の2第1項 （一般社団財団法第93条第1項）	◆	
	理事会の招集の請求	第46条の7の2第1項 （一般社団財団法第93条第2項及び第3項）	▲	
	通知による招集手続	第46条の7の2第1項 （一般社団財団法第94条第1項）	○	指
	手続なしでの開催	第46条の7の2第1項 （一般社団財団法第94条第2項）	▲	
	理事会の決議	第46条の7の2第1項 （一般社団財団法第95条第1項及び第2項）	◇	モ
	署名又は記名押印	第46条の7の2第1項 （一般社団財団法第95条第3項及び第4項）	□	指
	決議の賛成の推定	第46条の7の2第1項 （一般社団財団法第95条第5項）	◆	
	理事会の決議の省略	第46条の7の2第1項 （一般社団財団法第96条）	▲	
	議事録等の備置	第46条の7の2第1項 （一般社団財団法第97条第1項）	○	モ

区分	項　目	根拠条文	分	類
理事会	閲覧又は謄写の請求	第46条の7の2第1項 （一般社団財団法第97条第2項）	▲	
	債権者の請求	第46条の7の2第1項 （一般社団財団法第97条第3項及び第4項）	▲	
	理事会への報告の省略	第46条の7の2第1項 （一般社団財団法第98条）	▲	
裁判所の許可	非訟事件の管轄	第46条の7の2第2項 （一般社団財団法第287条）	(◆)	
	疎明	第46条の7の2第2項 （一般社団財団法第288条）	(◆)	
	陳述の聴取	第46条の7の2第2項 （一般社団財団法第289条）	(■)	
	理由の付記	第46条の7の2第2項 （一般社団財団法第290条）	(◆)	
	即時抗告	第46条の7の2第2項 （一般社団財団法第291条）	(▲)	
	原裁判の執行停止	第46条の7の2第2項 （一般社団財団法第292条）	(◆)	
	非訟事件手続法の規定の適用除外	第46条の7の2第2項 （一般社団財団法第294条）	(◆)	
	最高裁判所規則	第46条の7の2第2項 （一般社団財団法第295条）	(◆)	
監事	監事の職務	第46条の8	◇	法
	意見の陳述	第46条の8の2第1項	◇	法
	理事会の招集	第46条の8の2第2項及び第3項	◆	
	監事による理事の行為の差止め	第46条の8の3 （一般社団財団法第103条）	◆	
	医療法人と理事との間の訴えにおける法人の代表	第46条の8の3 （一般社団財団法第104条）	◆	
	監事の報酬等の額の定め	第46条の8の3 （一般社団財団法第105条）	●	
	費用等の請求	第46条の8の3 （一般社団財団法第106条）	■	

区分	項目	根拠条文	分類	
役員等の損害賠償責任	役員等の損害賠償責任	第47条	◆	（民法第415条）
	医療法人に対する損害賠償責任の免除	第47条の2 （一般社団財団法第112条）	◆	
	責任の一部免除	第47条の2 （一般社団財団法第113条第1項）	◆	
	開示	第47条の2 （一般社団財団法第113条第2項）	■	
	監事の同意	第47条の2 （一般社団財団法第113条第3項）	■	
	社員総会の承認	第47条の2 （一般社団財団法第113条第4項）	■	
	理事等による免除に関する定款（寄附行為）の定め	第47条の2 （一般社団財団法第114条）	▲	
	責任限定契約	第47条の2 （一般社団財団法第115条）	▲	
	理事が自己のためにした取引に関する特則	第47条の2 （一般社団財団法第116条）	◆	
	役員等の第三者に生じた損害賠償責任	第48条	◆	（民法第709条）
	連帯債務者	第49条	◆	（民法第709条）
	責任追及の訴え	第49条の2 （一般社団財団法第278条）	▲	
	訴えの管轄	第49条の2 （一般社団財団法第279条）	◆	
	訴訟参加	第49条の2 （一般社団財団法第280条）	▲	
	和解	第49条の2 （一般社団財団法第281条）	◆	
	費用等の請求	第49条の2 （一般社団財団法第282条）	▲	

区分	項　目	根拠条文	分　類
役員等の損害賠償責任	再審の訴え	第49条の2 （一般社団財団法第283条）	▲
	医療法人の役員等の解任の訴え	第49条の3 （一般社団財団法第284条）	▲
	被告	第49条の3 （一般社団財団法第285条）	◆
	訴えの管轄	第49条の3 （一般社団財団法第286条）	◆

2　医療法人に新しく実施が規定された内容

　改正により新しく義務化されたもの（の事項）について経過措置をふくめ，次のように示しています（一部加筆）。

(1)　法改正に伴い新たに義務化　　●印（3項目）

① 　役員報酬の決定手続

- 第46条の6の4（一般社団財団法第89条）

　理事の報酬等（報酬，賞与その他の職務執行の対価として社団たる医療法人（財団たる医療法人）から受ける財産上の利益をいう。以下同じ）は，定款（寄附行為）にその額を定めていないときは，社員総会（評議員会）の決議によって定める。

- 第46条の8の3（一般社団財団法第105条第1項）

　監事の報酬等は，定款（寄附行為）にその額を定めていないときは，社員総会（評議員会）の決議によって定める。

　定款（寄附行為）または社員総会もしくは評議員会においては，理事および監事に対する報酬等の総額をそれぞれ定めることで足り，個々の理事または監事の報酬等の額を，その総額の範囲内で理事会の決議または監事の協議によって定めることは差し支えない。（内閣府公益認定等委員会事務FAQ　Ⅴ－6－①，Ⅴ－

> 6-④）また，報酬等の総額の上限を超えない限り，毎会計年度の社員総会（評議員会）における決議はしなくてもかまわない。（法務省見解）

② 監事選任時の監事の同意
- 第46条の5の4（一般社団財団法第72条第1項）

　理事は，監事がある場合において，監事の選任に関する議案を社員総会に提出するには，監事（監事が2人以上ある場合にあっては，その過半数）の同意を得なければならない。

③ 理事長の業務状況報告書
- 第46条の7の2第1項（一般社団財団法第91条第2項）

　理事長は，3カ月以内に1回以上，自己の職務の執行の状況を理事会に報告しなければならない。ただし，定款（寄附行為）で毎事業年度に4カ月を超える間隔で2回以上その報告をしなければならない旨を定めた場合は，この限りでない。前者は，理事長による「四半期報告（会）」といわれています。

(2) 法改正により条件付で義務化　　■印（9項目）
① 社員総会：特定事項の説明
- 第46条の3の4

　理事・監事…社員総会において特定事項について，社員から説明を求められた場合，必要な説明をしなければならない。ただし総会目的以外などの場合，この限りでない。

② 理事：監事への損害に関する報告
- 第46条の6の3

　理事は，医療法人に著しい損害をおよぼすおそれのある事実を発見したときは，直ちに監事に報告しなければならない。

③ 理事：代行理事の権限
- 第46条の6の4（一般社団財団法第78条，民法第415条）

　医療法人は理事長，代行理事（その他の代表者）が，その職務を行うについて第三者に与えた損害を賠償する責任を負う。

④ 理事：競業および利益相反取引の制限
- 第46条の6の4（一般社団財団法第84条）

　理事は競業，利益の相反などの取引をした場合，遅滞なく社員総会にその取引の重要な事実を開示し，その承認を受けなければならない。

⑤ 理事：競業および医療法人との取引等の制限
- 第46条の7の2第1項（一般社団財団法第92条）

　前条の取引の適用で社員総会とあるのは，理事会と読み替えて，その取引の重要な事実を報告する。

⑥ 監事：費用等請求
- 第46条の8の3（一般社団財団法第106条）

　監事がその職務執行について，医療法人に費用の請求をした場合，それが不必要と証明した場合を除き，これを拒むことができない。

（役員の損害賠償責任）

⑦ 開示：総会承認
- 第47条の2（一般社団財団法第113条第2項）

　医療法人の理事，監事の責任は，その役員の職務が善意で，重過失がないときは，「最低責任限度額」を控除して得た額を限度として，社員総会の出席者の3分の2以上（原則）の賛成で免除できる。

⑧　監事の同意
- 第47条の2（一般社団財団法第113条第3項）

　　前項で理事の責任の免除をする議案を提出するには監事（2人以上は各監事）の同意を得なければならない。

⑨　社員総会の承認
- 第47条の2（一般社団財団法第113条第4項）

　　⑦の決議があった場合で，その役員に対し退職慰労金，財産上の利益を与える場合，社員総会の承認を得なければならない。

(3) 法改正に伴う経過措置

① 役員の選任に関する経過措置
- 医療法の一部を改正する法律附則第2条

　　附則1条の規定による改正後の医療法（以下「第2号新法」という）46条の5第2項および3項の規定は，附則1条2号に掲げる規定の施行の日（平成28年9月1日）（以下「第2号施行日」という）以後に行われる医療法人の役員について適用する。

② 役員の任期に関する経過措置
- 医療法の一部を改正する法律附則第3条

　　附則1条2号に掲げる規定の施行の際，現に医療法人の役員である者の任期については，なお従前の例による。

③ 理事長の代表権に関する経過措置
- 医療法の一部を改正する法律附則第4条

　　附則1条2号に掲げる規定の施行の際，現に存する医療法人の理事長の代表権については，第2号施行日（平成28年9月1日）以後に選出された理事長が就任するまでの間は，なお従前の例による。

④ 損害賠償に関する経過措置
- 医療法の一部を改正する法律附則第5条

　　附則1条2号に掲げる規定の施行の際，現に存する医療法人の評議員または理事もしくは監事の第2号施行日前の行為に基づく損害賠償責任については，なお従前の例による。

⑤ 定款または寄附行為の変更に関する経過措置
- 医療法の一部を改正する法律附則第6条

　　附則1条2号に掲げる規定の施行の際，現に存する医療法人は，第2号新法の施行に伴い，定款または寄附行為の変更が必要となる場合には，第2号施行日（平成28年9月1日）から起算して2年以内に，第2号新法54条の9第3項の認可の申請をしなければならない。

　　附則1条2号に掲げる規定の施行の際，現に存する医療法人の定款または寄附行為は，第2号施行日（平成28年9月1日）から起算して2年を経過する日（前段落の規定により定款または寄附行為の変更の認可の申請をした医療法人については，当該申請に対する処分があった日）までは，第2号新法44条2項7号の規定は，適用しない。

⑥ 役員等の欠格事由に関する経過措置
- 医療法の一部を改正する法律の一部の施行に伴う関係政令の整備および経過措置に関する政令第4条

　　第2号新法46条の4第2項（3号および4号の規定に限る）の規定は，第2号施行日（平成28年9月1日）以後にした行為により同項3号および4号の規定に規定する刑に処せられた者について適用する。

　　改正法附則1条2号に掲げる規定の施行の際現に財団たる医療法人の評議員である者に対する第2号施行日（平成28年9月1日）から起算して2年を経過する日までの間における第2号新法46条の4第3項の規定の適用については，同項中「役員または職員」とあるのは，「役員」とする。

Ⅱ 定款例の体系と選択

1 定款例と定款3細則

(1) 医療法人・社団の定款分類

　医療法人・社団の定款は次ページの**図表2－2**のように5種類に分類され、その全てに定款3細則の策定が義務付けられており、医療法人・財団も「寄附行為」となるもののまったく同じように3細則が義務化されています。

(2) 定款3細則のモデル定款例条文

　それぞれの医療法人の定款が異なりますので、定款3細則の策定を義務化した厚生労働省のモデル定款例の条文を次表で示します。

定款3細則	A持分あり (※)	B持分なし		C特定	D社会
		基金拠出なし	基金拠出あり		
定款施行細則	48条	48条	53条	64条	51条
理事会議事細則	41条	40条	45条	43条	44条
社員総会議事細則	26条	25条	30条	28条	27条

(※) 持分あり医療法人の定款例が示されていないため出資額限度法人のモデル定款例の条文です。

　理事会、社員総会の運営や議事は、それぞれ法人類型は異なるものの、ここでの策定を義務化された細則に従って行われることとなります。

第2章 医療法人のガバナンス，定款と細則

図表2-2 医療法人・社団の定款分類

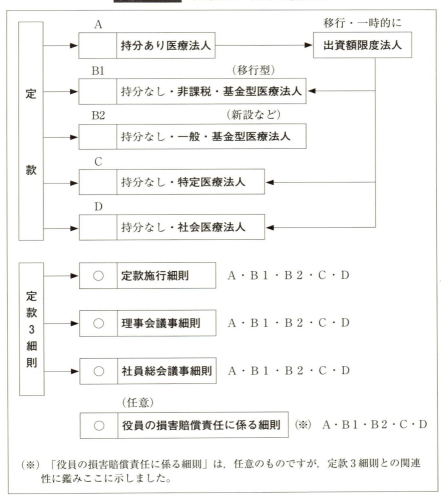

（※）「役員の損害賠償責任に係る細則」は，任意のものですが，定款3細則との関連性に鑑みここに示しました。

2　持分あり医療法人の定款例と細則

(1)　その体系

わが国で最も多い，持分あり医療法人・社団（経過措置）の定款例と細則を次のように分けて示します。

A	定款	A1	新定款例
		A2	新旧比較表
B	定款3細則	B1	定款施行細則
		B2	理事会議事細則
		B3	社員総会議事細則
C	責任細則	C	役員の損害賠償責任に係る細則

(2)　持分あり医療法人の定款例

持分あり医療法人・社団の定款例が厚生労働省の定款例には掲載されていないため，厚生労働省に確認し「出資額限度法人のモデル定款例をもとに作成してください。」との回答を得ています。

この厚生労働省のご回答のもと定款例を作成いたしました。

今回の定款の改正は，医療法人の機関に関する医療法改正を受けたものですが改正部分に選択肢がある条文があり，判断が必要とされています。

判断が必要とされる条文等は実質的に次の6カ所です。

・定款例29条2項	（例1）3カ月に1回以上，を理事会に報告
	（例2）4カ月を超える間隔で2回以上
	（3月末決算であれば，5月と3月）
・定款例32条	役員の報酬，定款で規定しても可
・定款例34条	役員の損害賠償責任の免除―規定は任意
・定款例39条2項	理事・監事の全員同意決議―規定は任意
・定款例40条2項	議事録署名人の限定
・定款例48条1項	広告の方法の選択

3 持分あり医療法人の定款例（平成28年9月1日以降）

別添5（出資額限度法人）の定款例を，主として2カ所，第17条と第45条を修正しています。

医療法人○○会　定款

第1章　名称及び事務所

第1条　本社団は，医療法人○○会と称する。
第2条　本社団は，事務所を○○県○○郡（市）○○町（村）○○番地に置く。

第2章　目的及び事業

第3条　本社団は，病院（診療所，介護老人保健施設）を経営し，科学的でかつ適正な医療（及び要介護者に対する看護，医学的管理下の介護及び必要な医療等）を普及することを目的とする。
第4条　本社団の開設する病院（診療所，介護老人保健施設）の名称及び開設場所は，次のとおりとする。
　　(1) ○○病院　　○○県○○郡（市）○○町（村）
　　(2) ○○診療所　○○県○○郡（市）○○町（村）
　　(3) ○○園　　　○○県○○郡（市）○○町（村）
　2　本社団が○○市（町，村）から指定管理者として指定を受けて管理する病院（診療所，介護老人保健施設）の名称及び開設場所は，次のとおりとする。
　　(1) ○○病院　　○○県○○郡（市）○○町（村）
　　(2) ○○診療所　○○県○○郡（市）○○町（村）
　　(3) ○○園　　　○○県○○郡（市）○○町（村）
第5条　本社団は，前条に掲げる病院（診療所，介護老人保健施設）を経営するほか，次の業務を行う。
　　　　○○看護師養成所の経営

第3章　資産及び会計

第6条　本社団の資産は次のとおりとする。
　　(1) 設立当時の財産
　　(2) 設立後寄附された金品
　　(3) 事業に伴う収入
　　(4) その他の収入
　2　本社団の設立当時の財産目録は，主たる事務所において備え置くものとする。

第7条　本社団の資産のうち，次に掲げる財産を基本財産とする。
　　(1)・・・
　　(2)・・・
　　(3)・・・
　2　基本財産は処分し，又は担保に供してはならない。ただし，特別の理由のある場合には，理事会及び社員総会の議決を経て，処分し，又は担保に供することができる。

第8条　本社団の資産は，社員総会又は理事会で定めた方法によって，理事長が管理する。

第9条　資産のうち現金は，医業経営の実施のため確実な銀行又は信託会社に預け入れ若しくは信託し，又は国公債若しくは確実な有価証券に換え保管する。

第10条　本社団の収支予算は，毎会計年度開始前に理事会及び社員総会の議決を経て定める。

第11条　本社団の会計年度は，毎年4月1日に始まり翌年3月31日に終る。

第12条　本社団の決算については，事業報告書，財産目録，貸借対照表及び損益計算書（以下「事業報告書等」という。）を作成し，監事の監査，理事会の承認及び社員総会の承認を受けなければならない。
　2　本社団は，事業報告書等，監事の監査報告書及び本社団の定款を事務所に備えて置き，社員又は債権者から請求があった場合には，正当な理由がある場合を除いて，これを閲覧に供しなければならない。
　3　本社団は，毎会計年度終了後3月以内に，事業報告書等及び監事の監査報告書を○○県知事に届け出なければならない。

第13条　決算の結果，剰余金を生じたとしても，配当してはならない。

第4章　社　員

第14条　本社団の社員になろうとする者は，社員総会の承認を得なければならない。
　　2　本社団は，社員名簿を備え置き，社員の変更があるごとに必要な変更を加えなければならない。
第15条　社員は，次に掲げる理由によりその資格を失う。
　　(1) 除　名
　　(2) 死　亡
　　(3) 退　社
　　2　社員であって，社員たる義務を履行せず本社団の定款に違反し又は品位を傷つける行為のあった者は，社員総会の議決を経て除名することができる。
第16条　やむを得ない理由のあるときは，社員はその旨を理事長に届け出て，退社することができる。
第17条　社員資格を喪失した者は，その出資額に応じて払戻しを請求することができる。

第5章　社員総会

第18条　理事長は，定時社員総会を，毎年○回，○月に開催する。
　　2　理事長は，必要があると認めるときは，いつでも臨時社員総会を招集することができる。
　　3　理事長は，総社員の5分の1以上の社員から社員総会の目的である事項を示して臨時社員総会の招集を請求された場合には，その請求があった日から20日以内に，これを招集しなければならない。
　　4　社員総会の招集は，期日の少なくとも5日前までに，その社員総会の目的である事項，日時及び場所を記載し，理事長がこれに記名した書面で社員に通知しなければならない。
第19条　社員総会の議長は，社員の中から社員総会において選任する。
第20条　次の事項は，社員総会の議決を経なければならない。
　　(1) 定款の変更
　　(2) 基本財産の設定及び処分（担保提供を含む。）

(3) 毎事業年度の事業計画の決定又は変更
　　(4) 収支予算及び決算の決定又は変更
　　(5) 重要な資産の処分
　　(6) 借入金額の最高限度の決定
　　(7) 社員の入社及び除名
　　(8) 本社団の解散
　　(9) 他の医療法人との合併若しくは分割に係る契約の締結又は分割計画の決定
　2　その他重要な事項についても，社員総会の議決を経ることができる。
第21条　社員総会は，総社員の過半数の出席がなければ，その議事を開き，決議することができない。
　2　社員総会の議事は，法令又はこの定款に別段の定めがある場合を除き，出席した社員の議決権の過半数で決し，可否同数のときは，議長の決するところによる。
　3　前項の場合において，議長は，社員として議決に加わることができない。
第22条　社員は，社員総会において各1個の議決権及び選挙権を有する。
第23条　社員総会においては，あらかじめ通知のあった事項のほかは議決することができない。ただし，急を要する場合はこの限りではない。
　2　社員は，あらかじめ通知のあった事項についてのみ書面又は代理人をもって議決権及び選挙権を行使することができる。ただし，代理人は社員でなければならない。
　3　代理人は，代理権を証する書面を議長に提出しなければならない。
第24条　社員総会の議決事項につき特別の利害関係を有する社員は，当該事項につきその議決権を行使できない。
第25条　社員総会の議事については，法令で定めるところにより，議事録を作成する。
第26条　社員総会の議事についての細則は，社員総会で定める。

第6章　　役　　員

第27条　本社団に，次の役員を置く。
　　(1) 理事　　○名以上○名以内
　　　　　うち理事長1名

(2) 監事　　○名
第28条　理事及び監事は，社員総会の決議によって選任する。
　　2　理事長は，理事会において，理事の中から選出する。
　　3　本社団が開設（指定管理者として管理する場合を含む。）する病院（診療所，介護老人保健施設）の管理者は，必ず理事に加えなければならない。
　　4　前項の理事は，管理者の職を退いたときは，理事の職を失うものとする。
　　5　理事又は監事のうち，その定数の5分の1を超える者が欠けたときは，1月以内に補充しなければならない。
第29条　理事長は本社団を代表し，本社団の業務に関する一切の裁判上又は裁判外の行為をする権限を有する。
　　2　理事長は，医療法人の業務を執行し，
　　（例1）　3箇月に1回以上，自己の職務の執行の状況を理事会に報告しなければならない。
　　（例2）　毎事業年度に4箇月を超える間隔で2回以上，自己の職務の執行の状況を理事会に報告しなければならない。
　　3　理事長に事故があるときは，理事長があらかじめ定めた順位に従い，理事がその職務を行う。
　　4　監事は，次の職務を行う。
　　(1) 本社団の業務を監査すること。
　　(2) 本社団の財産の状況を監査すること。
　　(3) 本社団の業務又は財産の状況について，毎会計年度，監査報告書を作成し，当該会計年度終了後3月以内に社員総会及び理事会に提出すること。
　　(4) 第1号又は第2号による監査の結果，本社団の業務又は財産に関し不正の行為又は法令若しくはこの定款に違反する重大な事実があることを発見したときは，これを○○県知事，社員総会又は理事会に報告すること。
　　(5) 第4号の報告をするために必要があるときは，社員総会を招集すること。
　　(6) 理事が社員総会に提出しようとする議案，書類，その他の資料を調査し，法令若しくはこの定款に違反し，又は著しく不当な事項があると認めるときは，その調査の結果を社員総会に報告すること。
　　5　監事は，本社団の理事又は職員（本社団の開設する病院，診療所又は介

護老人保健施設（指定管理者として管理する病院等を含む。）の管理者その他の職員を含む。）を兼ねてはならない。

第30条　役員の任期は2年とする。ただし，再任を妨げない。

2　補欠により就任した役員の任期は，前任者の残任期間とする。

3　役員は，第26条に定める員数が欠けた場合には，任期の満了又は辞任により退任した後も，新たに選任された者が就任するまで，なお役員としての権利義務を有する。

第31条　役員は，社員総会の決議によって解任することができる。ただし，監事の解任の決議は，出席した社員の議決権の3分の2以上の賛成がなければ，決議することができない。

第32条　役員の報酬等は，

（例1）　社員総会の決議によって別に定めるところにより支給する。

（例2）　理事及び監事について，それぞれの総額が，○○円以下及び○○円以下で支給する。

（例3）　理事長○円，理事○円，監事○円とする。

第33条　理事は，次に掲げる取引をしようとする場合には，理事会において，その取引について重要な事実を開示し，その承認を受けなければならない。

(1) 自己又は第三者のためにする本社団の事業の部類に属する取引

(2) 自己又は第三者のためにする本社団との取引

(3) 本社団がその理事の債務を保証することその他その理事以外の者との間における本社団とその理事との利益が相反する取引

2　前項の取引をした理事は，その取引後，遅滞なく，その取引についての重要な事実を理事会に報告しなければならない。

第34条　本社団は，役員が任務を怠ったことによる損害賠償責任を，法令に規定する額を限度として，理事会の決議により免除することができる。

2　本社団は，役員との間で，任務を怠ったことによる損害賠償責任について，当該役員が職務を行うにつき善意でかつ重大な過失がないときに，損害賠償責任の限定契約を締結することができる。ただし，その責任の限度額は，○円以上で本社団があらかじめ定めた額と法令で定める最低責任限度額とのいずれか高い額とする。

第7章　理事会

第35条　理事会は，すべての理事をもって構成する。

第36条　理事会は，この定款に別に定めるもののほか，次の職務を行う。
　(1) 本社団の業務執行の決定
　(2) 理事の職務の執行の監督
　(3) 理事長の選出及び解職
　(4) 重要な資産の処分及び譲受けの決定
　(5) 多額の借財の決定
　(6) 重要な役割を担う職員の選任及び解任の決定
　(7) 従たる事務所その他の重要な組織の設置，変更及び廃止の決定

第37条　理事会は，
　（例１）　各理事が招集する。
　（例２）　理事長（又は理事会で定める理事）が招集する。この場合，理事長（又は理事会で定める理事）が欠けたとき又は理事長（理事会で定める理事）に事故があるときは，各理事が理事会を招集する。
　2　理事長（又は理事会で定める理事，又は各理事）は，必要があると認めるときは，いつでも理事会を招集することができる。
　3　理事会の招集は，期日の１週間前までに，各理事及び各監事に対して理事会を招集する旨の通知を発しなければならない。
　4　前項にかかわらず，理事会は，理事及び監事の全員の同意があるときは，招集の手続を経ることなく開催できる。

第38条　理事会の議長は，理事長とする。

第39条　理事会の決議は，法令又はこの定款に別段の定めがある場合を除き，議決事項について特別の利害関係を有する理事を除く理事の過半数が出席し，その過半数をもって行う。
　2　前項の規定にかかわらず，理事が理事会の決議の目的である事項について提案した場合において，その提案について特別の利害関係を有する理事を除く理事全員が書面又は電磁的記録により同意の意思表示をしたときは，理事会の決議があったものとみなす。ただし，監事がその提案について異議を述べたときはこの限りでない。

第40条　理事会の議事については，法令で定めるところにより，議事録を作成する。

2　理事会に出席した理事及び監事は，前項の議事録に署名し，又は記名押印する。
第41条　理事会の議事についての細則は，理事会で定める。

第8章　定款の変更

第42条　この定款は，社員総会の議決を経，かつ，○○県知事の認可を得なければ変更することができない。

第9章　解散及び合併

第43条　本社団は，次の事由によって解散する。
　　⑴　目的たる業務の成功の不能
　　⑵　社員総会の決議
　　⑶　社員の欠亡
　　⑷　他の医療法人との合併
　　⑸　破産手続開始の決定
　　⑹　設立認可の取消し
　2　本社団は，総社員の4分の3以上の賛成がなければ，前項第2号の社員総会の決議をすることができない。
　3　第1項第1号又は第2号の事由により解散する場合は，○○県知事の認可を受けなければならない。
第44条　本社団が解散したときは，合併及び破産手続開始の決定による解散の場合を除き，理事がその清算人となる。ただし，社員総会の議決によって理事以外の者を選任することができる。
　2　清算人は，社員の欠亡による事由によって本社団が解散した場合には，○○県知事にその旨を届け出なければならない。
　3　清算人は，次の各号に掲げる職務を行い，又，当該職務を行うために必要な一切の行為をすることができる。
　　⑴　現務の結了
　　⑵　債権の取立て及び債務の弁済
　　⑶　残余財産の引渡し
第45条　本社団が解散した場合の残余財産は，払込済出資額に応じて分配するも

のとする。
第46条　本社団は，総社員の同意があるときは，○○県知事の認可を得て，他の社団たる医療法人又は財団たる医療法人と合併することができる。

第10章　雑　　則

第47条　本社団の公告は，
　　（例1）　官報に掲載する方法
　　（例2）　○○新聞に掲載する方法
　　（例3）　電子公告（ホームページ）によって行う。
（例3の場合）
　　2　事故その他やむを得ない事由によって前項の電子公告をすることができない場合は，官報（又は○○新聞）に掲載する方法によって行う。
第48条　この定款の施行細則は，理事会及び社員総会の議決を経て定める。

　　附　　則
　　本社団設立当初の役員は，次のとおりとする。
　　　　　理　事　長　○○○○
　　　　　理　　　事　○○○○
　　　　　　同　　　　○○○○
　　　　　　同　　　　○○○○
　　　　　　同　　　　○○○○
　　　　　　同　　　　○○○○
　　　　　　同　　　　○○○○
　　　　　監　　　事　○○○○
　　　　　　同　　　　○○○○

> **Column 11**
>
> ### 医療法人と役員の委任関係
>
> 　法46条の5第4項は,「医療法人と役員の関係は(民法上の)委任に関する規定に従う。」としています。
>
> 　そこで最も重要なのが民法644条「受任者は,委任の本旨に従い,善良な管理者の注意をもって委任事務を処理する義務を負う。」と規定,一般に「善管注意義務」と呼ばれています
>
> 　実務上,不作為による義務違反,つまり各目的に役員(運営管理指導要綱Ⅰ・2(5)3および(6)5が禁じています。)いわゆる「名義貸し理事」または「名義貸し監事」となって,損害賠償責任を負う法的リスクがあることに注意が必要でしょう。

4　社団医療法人の新旧対照表

(出資額限度法人の定款例(いわゆる「出資額限度法人」について」(平成16年医政発第0831001号)別添2)の一部改正を修正)(平成28年9月1日以降)

改　正　後	改　正　前	備　考
医療法人○○会定款	医療法人○○会定款	
第1章　名称及び事務所	第1章　名称及び事務所	
第1条　本社団は,医療法人○○会と称する。	第1条　本社団は,医療法人○○会と称する。	
第2条　本社団は,事務所を○○県○○郡(市)○○町(村)○○番地に置く。	第2条　本社団は,事務所を○○県○○郡(市)○○町(村)○○番地に置く。	・事務所については,複数の事務所を有する場合は,すべてこれを記載し,かつ,主たる事務所を定めること。

第2章　目的及び事業	第2章　目的及び事業	
第3条　本社団は，病院（診療所，介護老人保健施設）を経営し，科学的でかつ適正な医療（及び<u>要介護者に対する看護，医学的管理下の介護及び必要な医療等</u>）を普及することを目的とする。	第3条　本社団は，病院（診療所，介護老人保健施設）を経営し，科学的でかつ適正な医療（及び<u>疾病・負傷等により寝たきりの状態等にある老人に対し，看護，医学的管理下の介護及び必要な医療等</u>）を普及することを目的とする。	・病院，診療所又は介護老人保健施設のうち，開設する施設を掲げる。（以下，第4条，第5条，<u>第28条第3項及び第29条第5項</u>において同じ。） ・介護老人保健施設のみを開設する医療法人については，「本社団は，介護老人保健施設を経営し，<u>要介護者に対する看護，医学的管理下の介護及び必要な医療等を普及することを目的とする。</u>」とする。
第4条　本社団の開設する病院（診療所，介護老人保健施設）の名称及び開設場所は，次のとおりとする。 （1）　〇〇病院　〇〇県〇〇郡（市）〇〇町（村） （2）　〇〇診療所　〇〇県〇〇郡（市）〇〇町（村） （3）　〇〇園　〇〇県〇〇郡（市）〇〇町（村）	第4条　本社団の開設する病院（診療所，介護老人保健施設）の名称及び開設場所は，次のとおりとする。 （1）　〇〇病院　〇〇県〇〇郡（市）〇〇町（村） （2）　〇〇診療所　〇〇県〇〇郡（市）〇〇町（村） （3）　〇〇園　〇〇県〇〇郡（市）〇〇町（村）	
2　本社団が〇〇市（町，村）から指定管理者として指定を受けて管理する病院（診療所，介護老人保健施設）の名称及び開設場所は，次のとおりとする。	2　本社団が〇〇市（町，村）から指定管理者として指定を受けて管理する病院（診療所，介護老人保健施設）の名称及び開設場所は，次のとおりとする。	・本項には，地方自治法（昭和22年法律第67号）に基づいて行う指定管理者として管理する病院（診療所，介護老人保健施設）の名称及び開設場所を掲げる。行わない場合には，掲げる必要はない。<u>（以下，第28条第3項及び</u>

(1) ○○病院　○○県○○郡（市）○○町（村） (2) ○○診療所　○○県○○郡（市）○○町（村） (3) ○○園　○○県○○郡（市）○○町（村）	(1) ○○病院　○○県○○郡（市）○○町（村） (2) ○○診療所　○○県○○郡（市）○○町（村） (3) ○○園　○○県○○郡（市）○○町（村）	第29条第5項において同じ。)
第5条　本社団は，前条に掲げる病院（診療所，介護老人保健施設）を経営するほか，次の業務を行う。 　　○○看護師養成所の経営	第5条　本社団は，前条に掲げる病院（診療所，介護老人保健施設）を経営するほか，次の業務を行う。 　　○○看護師養成所の経営	・本条には，医療法（昭和23年法律第205号。以下「法」という。）第42条各号の規定に基づいて行う附帯業務を掲げる。行わない場合には，掲げる必要はない。
<u>第3章　資産及び会計</u>	（新設）	
第6条　本社団の資産は次のとおりとする。 　(1) 設立当時の財産 　(2) 設立後寄附された金品 　(3) 事業に伴う収入 　(4) その他の収入 <u>2　本社団の設立当時の財産目録は，主たる事務所において備え置くものとする。</u>	（新設）	
第7条　本社団の資産のうち，次に掲げる財産を基本財産とする。 　(1) ・・・ 　(2) ・・・ 　(3) ・・・ <u>2　基本財産は処分し，又は担保に供してはならない。ただし，特別の理由のある場合には，理事会及び社員総会の議決を経て，処分し，</u>	（新設）	

又は担保に供することができる。	
第8条　本社団の資産は，社員総会又は理事会で定めた方法によって，理事長が管理する。	（新設）
第9条　資産のうち現金は，医業経営の実施のため確実な銀行又は信託会社に預け入れ若しくは信託し，又は国公債若しくは確実な有価証券に換え保管する。	（新設）
第10条　本社団の収支予算は，毎会計年度開始前に理事会及び社員総会の議決を経て定める。	（新設）
第11条　本社団の会計年度は，毎年4月1日に始まり翌年3月31日に終る。	（新設）
第12条　本社団の決算については，事業報告書，財産目録，貸借対照表及び損益計算書（以下「事業報告書等」という。）を作成し，監事の監査，理事会の承認及び社員総会の承認を受けなければならない。	（新設）
2　本社団は，事業報告書等，監事の監査報告書及び本社団の定款を事務所に備えて置き，社員又は債権者から請求があった場合には，正当な理由がある場合を除い	

て，これを閲覧に供しなければならない。 3　本社団は，毎会計年度終了後3月以内に，事業報告書等及び監事の監査報告書を○○県知事に届け出なければならない。		・2以上の都道府県の区域において病院，診療所又は介護老人保健施設を開設する医療法人については，主たる事務所の所在地の都道府県知事に届け出るものとする。
<u>第13条</u>　決算の結果，剰余金を生じたとしても，配当してはならない。	（新設）	
第<u>4</u>章　社員	第<u>3</u>章　社員	・第4章の章名を「社員及び出資」とし，出資の口数及び出資1口の金額について「本社団の資は，これを○○口に分ち，出資1口の金額は，金○千円とする。」旨規定しても差し支えない。
<u>第14条</u>　本社団の社員になろうとする者は，社員総会の承認を得なければならない。 2　本社団は，社員名簿を備え置き，社員の変更があるごとに必要な変更を加えなければならない。	第6条　本社団の社員になろうとする者は，社員総会の承認を得なければならない。 2　本社団は，社員名簿を備え置き，社員の変更があるごとに必要な変更を加えなければならない。	
<u>第15条</u>　社員は，次に掲げる理由によりその資格を失う。 （1）　除　名	第7条　社員は，次に掲げる理由によりその資格を失う。 （1）　除　名	

(2) 死亡 (3) 退社 2 社員であって，社員たる義務を履行せず本社団の定款に違反し又は品位を傷つける行為のあった者は，社員総会の議決を経て除名することができる。	(2) 死亡 (3) 退社 2 社員であって，社員たる義務を履行せず本社団の定款に違反し又は品位を傷つける行為のあった者は，社員総会の議決を経て除名することができる。	
<u>第16条</u> やむを得ない理由のあるときは，社員はその旨を理事長に届け出て，退社することができる。	<u>第8条</u> やむを得ない理由のあるときは，社員はその旨を理事長に届け出て，<u>その同意を得て</u>退社することができる。	・退社について社員総会の承認の議決を要することとしても差し支えない。
<u>第17条</u> 社員資格を喪失した者は，その出資額に応じて払戻しを請求することができる。	<u>第9条</u> 社員資格を喪失した者は，その出資額を限度として払戻しを請求することができる。	
第5章 社員総会	（新設）	
<u>第18条 理事長は，定時社員総会を，毎年○回，○月に開催する。</u> 2 理事長は，必要があると認めるときは，いつでも臨時社員総会を招集することができる。 3 理事長は，総社員の5分の1以上の社員から社員総会の目的である事項を示して臨時社員総会の招集を請求された場合には，その請求があった日から20日以内に，これを招集しなければならない。	（新設）	・定時社員総会は，収支予算の決定と決算の決定のため年2回以上開催することが望ましい。 ・5分の1を下回る割合を定めることもできる。

4　社員総会の招集は，期日の少なくとも5日前までに，その社員総会の目的である事項，日時及び場所を記載し，理事長がこれに記名した書面で社員に通知しなければならない。		・招集の通知は，定款で定めた方法により行う。書面のほか電子的方法によることも可。
第19条　社員総会の議長は，社員の中から社員総会において選任する。	（新設）	
第20条　次の事項は，社員総会の議決を経なければならない。 (1)　定款の変更 (2)　基本財産の設定及び処分（担保提供を含む。） (3)　毎事業年度の事業計画の決定又は変更 (4)　収支予算及び決算の決定又は変更 (5)　重要な資産の処分 (6)　借入金額の最高限度の決定 (7)　社員の入社及び除名 (8)　本社団の解散 (9)　他の医療法人との合併若しくは分割に係る契約の締結又は分割計画の決定 2　その他重要な事項についても，社員総会の議決を経ることができる。	（新設）	
第21条　社員総会は，総社員の過半数の出席がなければ，その議事を開き，決議することができない。	（新設）	

2 社員総会の議事は，法令又はこの定款に別段の定めがある場合を除き，出席した社員の議決権の過半数で決し，可否同数のときは，議長の決するところによる。 3 前項の場合において，議長は，社員として議決に加わることができない。	
第22条 社員は，社員総会において各1個の議決権及び選挙権を有する。	(新設)
第23条 社員総会においては，あらかじめ通知のあった事項のほかは議決することができない。ただし，急を要する場合はこの限りではない。 2 社員は，あらかじめ通知のあった事項についてのみ書面又は代理人をもって議決権及び選挙権を行使することができる。ただし，代理人は社員でなければならない。 3 代理人は，代理権を証する書面を議長に提出しなければならない。	(新設)
第24条 社員総会の議決事項につき特別の利害関係を有する社員は，当該事項につきその議決権を行使できない。	(新設)

第25条　社員総会の議事については，法令で定めるところにより，議事録を作成する。	（新設）
第26条　社員総会の議事についての細則は，社員総会で定める。	（新設）
（削除）	**第4章　資産及び会計**
（削除）	第10条　本社団の資産のうち，次に掲げる財産を基本財産とする。 (1)　・・・ (2)　・・・ (3)　・・・ 2　基本財産は処分し，又は担保に供してはならない。ただし，特別の理由のある場合には，理事会及び社員総会の議決を経て，処分し，又は担保に供することができる。
（削除）	第11条　本社団の資産は，社員総会で定めた方法によって，理事長が管理する。
（削除）	第12条　資産のうち現金は，確実な銀行又は信託会社に預け入れ若しくは信託し，又は国公債若しくは確実な有価証券に換え保管するものとする。
（削除）	第13条　本社団の収支予算は，毎会計年度開始前に理

（削除）	事会及び社員総会の議決を経て定める。
	第14条　本社団の会計年度は，毎年4月1日に始まり翌年3月31日に終る。
（削除）	第15条　本社団の決算については，毎会計年度終了後2月以内に，事業報告書，財産目録，貸借対照表及び損益計算書（以下「事業報告書等」という。）を作成しなければならない。
	2　本社団は，事業報告書等，監事の監査報告書及び本社団の定款を事務所に備えて置き，社員又は債権者から請求があった場合には，正当な理由がある場合を除いて，これを閲覧に供しなければならない。
	3　本社団は，毎会計年度終了後3月以内に，事業報告書等及び監事の監査報告書を○○県知事に届け出なければならない。
（削除）	第16条　決算の結果，剰余金を生じたときは，理事会及び社員総会の議決を経てその全部又は一部を基本財産に繰り入れ，又は積立金として積み立てるものとし，配当してはならない。
第6章　役員	第5章　役員

第27条　本社団に，次の役員を置く。 (1)　理事　○名以上○名以内 　　うち理事長1名 (2)　監事　○名	第17条　本社団に，次の役員を置く。 (1)　理事　○名以上○名以内 　　うち理事長1名 (2)　監事　○名	・原則として，理事は3名以上置かなければならない。都道府県知事の認可を受けた場合には，1名又は2名でも差し支えない（法第46条の5第1項参照）。なお，理事を1名又は2名置くこととした場合でも，社員は3名以上置くことが望ましい。
第28条　理事及び監事は，社員総会の決議によって選任する。 2　理事長は，理事会において，理事の中から選出する。 3　本社団が開設（指定管理者として管理する場合を含む。）する病院（診療所，介護老人保健施設）の管理者は，必ず理事に加えなければならない。 4　前項の理事は，管理者の職を退いたときは，理事の職を失うものとする。	第18条　理事及び監事は，社員総会において選任する。 2　理事長は，理事の互選によって定める。 3　本社団が開設（指定管理者として管理する場合を含む。）する病院（診療所，介護老人保健施設）の管理者は，必ず理事に加えなければならない。 4　前項の理事は，管理者の職を退いたときは，理事の職を失うものとする。	・病院，診療所又は介護老人保健施設を2以上開設する場合において，都道府県知事（2以上の都道府県の区域において病院，診療所又は介護老人保健施設を開設する医療法人については主たる事務所の所在地の都道府県知事）の認可を受けた場合は，管理者（指定管理者として管理する病院等の管理者を除く。）の一部を理事に加えないことができる（法第46条の5第6項参照）。 ・理事の職への再任を妨げるものではない。

5　理事又は監事のうち，その定数の5分の1を超える者が欠けたときは，1月以内に補充しなければならない。	5　理事又は監事のうち，その定数の5分の1を超える者が欠けたときは，1月以内に補充しなければならない。	
第29条　理事長は<u>本社団を代表し，本社団の業務に関する一切の裁判上又は裁判外の行為をする権限を有する。</u>	第19条　理事長のみが<u>本社団を代表する。</u>	
2　理事長は，<u>医療法人の業務を執行し，</u> （例1）3箇月に1回以上，自己の職務の執行の状況を理事会に報告しなければならない。 （例2）毎事業年度に4箇月を超える間隔で2回以上，自己の職務の執行の状況を理事会に報告しなければならない。	2　理事長は<u>本社団の業務を総理する。</u>	・この報告は，現実に開催された理事会において行わなければならず，報告を省略することはできない。
3　理事長に事故があるときは，理事長があらかじめ定めた順位に従い，理事がその職務を行う。	3　<u>理事は，本社団の常務を処理し，</u>理事長に事故があるときは，理事長があらかじめ定めた順位に従い，理事がその職務を行う。	
4　監事は，次の職務を行う。 　(1)　本社団の業務を監査すること。 　(2)　本社団の財産の状況を監査すること。 　(3)　本社団の業務又は財産の状況について，毎会計年度，監査報告書を作成し，当該会計年度終了後3月以内に社員総会<u>及び理事会</u>に提出すること。	4　監事は，次の職務を行う。 　(1)　本社団の業務を監査すること。 　(2)　本社団の財産の状況を監査すること。 　(3)　本社団の業務又は財産の状況について，毎会計年度，監査報告書を作成し，当該会計年度終了後3月以内に社員総会<u>又は理事</u>に提出すること。	

(4) 第1号又は第2号による監査の結果，本社団の業務又は財産に関し不正の行為又は法令若しくはこの定款に違反する重大な事実があることを発見したときは，これを○○県知事，社員総会又は理事会に報告すること。 (5) 第4号の報告をするために必要があるときは，社員総会を招集すること。 (6) <u>理事が社員総会に提出しようとする議案，書類，その他の資料を調査し，法令若しくはこの定款に違反し，又は著しく不当な事項があると認めるときは，その調査の結果を社員総会に報告すること。</u> 5　監事は，本社団の理事又は職員（本社団の開設する病院，診療所又は介護老人保健施設（指定管理者として管理する病院等を含む。）の管理者その他の職員を含む。）を兼ねてはならない。	(4) 第1号又は第2号による監査の結果，本社団の業務又は財産に関し不正の行為又は法令若しくはこの定款に違反する重大な事実があることを発見したときは，これを<u>○○県知事又は社員総会に報告</u>すること。 (5) 第4号の報告をするために必要があるときは，社員総会を招集すること。 (6) <u>本社団の業務又は財産の状況について，理事に対して意見を述べること。</u> 5　監事は，本社団の理事又は職員（本社団の開設する病院，診療所又は介護老人保健施設（指定管理者として管理する病院等を含む。）の管理者その他の職員を含む。）を兼ねてはならない。
<u>第30条</u>　役員の任期は2年とする。ただし，再任を妨げない。 2　補欠により就任した役員の任期は，前任者の残任期間とする。 3　役員は，<u>第26条に定める員数が欠けた場合には，任された者が就任するまで，なお役員としての権利義務</u>	<u>第20条</u>　役員の任期は2年とする。ただし，再任を妨げない。 2　補欠により就任した役員の任期は，前任者の残任期間とする。 3　役員は，<u>任期満了後といえども，後任者が就任するまでは，その職務を行うものとする。</u>

を有する。		
第31条　役員は，社員総会の決議によって解任することができる。ただし，監事の解任の決議は，出席した社員の議決権の3分の2以上の賛成がなければ，決議することができない。	（新設）	・3分の2を上回る割合を定めることもできる。
第32条　役員の報酬等は， （例1）社員総会の決議によって別に定めるところにより支給する。 （例2）理事及び監事について，それぞれの総額が，○○円以下及び○○円以下で支給する。 （例3）理事長○円，理事○円，監事○円とする。	（新設）	・役員の報酬等について，定款にその額を定めていないときは，社員総会の決議によって定める必要がある。 ・定款又は社員総会の決議において理事の報酬等の「総額」を定める場合，各理事の報酬等の額はその額の範囲内で理事会の決議によって定めることも差し支えない。ただし，監事が2人以上あるときに監事の報酬等の「総額」を定める場合は，各監事の報酬等は，その額の範囲内で監事の協議によって定める。また，「総額」を上回らなければ，再度，社員総会で決議することは必ずしも必要ではない。
第33条　理事は，次に掲げる取引をしようとする場合には，理事会において，その取引について重要な事実を開示し，その承認を受けなければならない。	（新設）	

(1) 自己又は第三者のためにする本社団の事業の部類に属する取引 (2) 自己又は第三者のためにする本社団との取引 (3) 本社団がその理事の債務を保証することその他その理事以外の者との間における本社団とその理事との利益が相反する取引 2　前項の取引をした理事は，その取引後，遅滞なく，その取引についての重要な事実を理事会に報告しなければならない。		
第34条　本社団は，役員が任務を怠ったことによる損害賠償責任を，法令に規定する額を限度として，理事会の決議により免除することができる。 2　本社団は，役員との間で，任務を怠ったことによる損害賠償責任について，当該役員が職務を行うにつき善意でかつ重大な過失がないときに，損害賠償責任の限定契約を締結することができる。ただし，その責任の限度額は，〇円以上で本社団があらかじめ定めた額と法令で定める最低責任限度額とのいずれか高い額とする。	（新設）	・本条を規定するか否かは任意。
第7章　理事会	（新設）	

<u>第35条　理事会は，すべての理事をもって構成する。</u>	<u>（新設）</u>	
<u>第36条　理事会は，この定款に別に定めるもののほか，次の職務を行う。</u> <u>(1)　本社団の業務執行の決定</u> <u>(2)　理事の職務の執行の監督</u> <u>(3)　理事長の選出及び解職</u> <u>(4)　重要な資産の処分及び譲受けの決定</u> <u>(5)　多額の借財の決定</u> <u>(6)　重要な役割を担う職員の選任及び解任の決定</u> <u>(7)　従たる事務所その他の重要な組織の設置，変更及び廃止の決定</u>	<u>（新設）</u>	
<u>第37条　理事会は，</u> （例１）<u>各理事が招集する。</u> （例２）<u>理事長（又は理事会で定める理事）が招集する。この場合，理事長（又は理事会で定める理事）が欠けたとき又は理事長（理事会で定める理事）に事故があるときは，各理事が理事会を招集する。</u> <u>２　理事長（又は理事会で定める理事，又は各理事）は，必要があると認めるときは，いつでも理事会を招集することができる。</u> <u>３　理事会の招集は，期日の１週間前までに，各理事及び各監事に対して理事会を</u>	<u>（新設）</u>	・原則，各理事が理事会を招集するが，理事会を招集する理事を定款又は理事会で定めることができる。 ・１週間を下回る期間を定めることもできる。

招集する旨の通知を発しなければならない。		
第38条　理事会の議長は，理事長とする。	（新設）	
第39条　理事会の決議は，法令又はこの定款に別段の定めがある場合を除き，議決事項について特別の利害関係を有する理事を除く理事の過半数が出席し，その過半数をもって行う。	（新設）	・過半数を上回る割合を定めることもできる。
2　前項の規定にかかわらず，理事が理事会の決議の目的である事項について提案した場合において，その提案について特別の利害関係を有する理事を除く理事全員が書面又は電磁的記録により同意の意思表示をしたときは，理事会の決議があったものとみなす。ただし，監事がその提案について異議を述べたときはこの限りでない。		・本項を規定するか否かは任意。
第40条　理事会の議事については，法令で定めるところにより，議事録を作成する。	（新設）	
2　理事会に出席した理事及び監事は，前項の議事録に署名し，又は記名押印する。		・署名し，又は記名押印する者を，理事会に出席した理事長及び監事とすることも可。
第41条　理事会の議事についての細則は，理事会で定める。	（新設）	

(削除)	第6章　会議
(削除)	第21条　会議は，社員総会及び理事会の2つとし，社員総会はこれを定時総会と臨時総会に分ける。
(削除)	第22条　定時総会は，毎年○回，○月に開催する。
(削除)	第23条　理事長は，必要があると認めるときは，いつでも臨時総会及び理事会を招集することができる。 2　社員総会の議長は，社員総会において選任し，理事会の議長は，理事長をもってあてる。 3　理事長は，総社員の5分の1以上の社員から会議に付議すべき事項を示して臨時総会の招集を請求された場合には，その請求のあった日から20日以内に，これを招集しなければならない。 4　理事会を構成する理事の3分の1以上から連名をもって理事会の目的たる事項を示して請求があったときは，理事長は理事会を招集しなければならない。
(削除)	第24条　次の事項は，社員総会の議決を経なければならない。 (1)　定款の変更

	(2) 基本財産の設定及び処分（担保提供を含む。）
	(3) 毎事業年度の事業計画の決定及び変更
	(4) 収支予算及び決算の決定
	(5) 剰余金又は損失金の処理
	(6) 借入金額の最高限度の決定
	(7) 社員の入社及び除名
	(8) 本社団の解散
	(9) 他の医療法人との合併契約の締結
	(10) その他重要な事項
（削除）	第25条　社員総会は，総社員の過半数の出席がなければ，その議事を開き，議決することができない。 2　社員総会の議事は，出席した社員の議決権の過半数で決し，可否同数のときは，議長の決するところによる。 3　前項の場合において，議長は，社員として議決に加わることができない。
（削除）	第26条　社員総会の招集は，期日の少なくとも5日前までに会議の目的である事項，日時及び場所を記載し，理事長がこれに記名した書面で社員に通知しなければならない。

(削除)	第27条　社員は，社員総会において1個の議決権及び選挙権を有する。
(削除)	第28条　社員は，あらかじめ通知のあった事項についてのみ書面又は代理人をもって議決権及び選挙権を行使することができる。ただし，代理人は社員でなければならない。 2　代理人は，代理権を証する書面を議長に提出しなければならない。
(削除)	第29条　会議の議決事項につき特別の利害関係を有する者は，当該事項につきその議決権を行使できない。
(削除)	第30条　社員総会の議事についての細則は，社員総会で定める。 2　理事会の議事についての細則は，理事会で定める。
第8章　定款の変更	第7章　定款の変更
第42条　この定款は，社員総会の議決を経，かつ，○○県知事の認可を得なければ変更することができない。	第31条　この定款は，社員総会の議決を経，かつ，○○県知事の認可を得なければ変更することができない。
第9章　解散及び合併	第8章　解散，合併及び分割
第43条　本社団は，次の事由によって解散する。	第32条　本社団は，次の事由によって解散する。

(1) 目的たる業務の成功の不能 (2) 社員総会の決議 (3) 社員の欠亡 (4) 他の医療法人との合併 (5) 破産手続開始の決定 (6) 設立認可の取消し 2 本社団は，総社員の4分の3以上の賛成がなければ，前項第2号の社員総会の決議をすることができない。 3 第1項第1号又は第2号の事由により解散する場合は，○○県知事の認可を受けなければならない。 第44条 本社団が解散したときは，合併及び破産手続開始の決定による解散の場合を除き，理事がその清算人となる。ただし，社員総会の議決によって理事以外の者を選任することができる。 2 清算人は，社員の欠亡による事由によって本社団が解散した場合には，○○県知事にその旨を届け出なければならない。 3 清算人は，次の各号に掲げる職務を行い，又，当該職務を行うために必要な一切の行為をすることができる。 (1) 現務の結了 (2) 債権の取立て及び債務の弁済	(1) 目的たる業務の成功の不能 (2) 社員総会の決議 (3) 社員の欠亡 (4) 他の医療法人との合併 (5) 破産手続開始の決定 (6) 設立認可の取消し 2 本社団は，総社員の4分の3以上の賛成がなければ，前項第2号の社員総会の決議をすることができない。 3 第1項第1号又は第2号の事由により解散する場合は，○○県知事の認可を受けなければならない。 第33条 本社団が解散したときは，合併及び破産手続開始の決定による解散の場合を除き，理事がその清算人となる。ただし，社員総会の議決によって理事以外の者を選任することができる。 2 清算人は，社員の欠亡による事由によって本社団が解散した場合には，○○県知事にその旨を届け出なければならない。 3 清算人は，次の各号に掲げる職務を行い，又，当該職務を行うために必要な一切の行為をすることができる。 (1) 現務の結了 (2) 債権の取立て及び債務の弁済

(3) 残余財産の引渡し	(3) 残余財産の引渡し
第45条　本社団が解散した場合の残余財産は，払込済出資額に応じて分配するものする。	第34条　本社団が解散した場合の残余財産は，払込済出資額に応じて分配するものする。
第46条　本社団は，総社員の同意があるときは，○○県知事の認可を得て，他の社団たる医療法人又は財団たる医療法人と合併することができる。	第35条　本社団は，総社員の同意があるときは，○○県知事の認可を得て，他の社団医療法人又は財団医療法人と合併することができる。
第10章　雑則	第9章　雑則
第47条　本社団の公告は， （例1）官報に掲載する方法場合は，○○県知事の認可を受けなければならない。 （例2）○○新聞に掲載する方法 （例3）電子公告（ホームページ）によって行う。 （例3の場合） 2　事故その他やむを得ない事由によって前項の電子公告をすることができない場合は，官報（又は○○新聞）に掲載する方法によって行う。	第36条　本社団の公告は，官報（及び○○新聞）によって行う。
第48条　この定款の施行細則は，理事会及び社員総会の議決を経て定める。	第37条　この定款の施行細則は，理事会及び社員総会の議決を経て定める。

附　則	附　則	・法第44条第４項参照。
本社団設立当初の役員は，次のとおりとする。	本社団設立当初の役員は，次のとおりとする。	
理事長　○　○　○　○	理事長　○　○　○　○	
理　事　○　○　○　○	理　事　○　○　○　○	
同　　○　○　○　○	同　　○　○　○　○	
同　　○　○　○　○	同　　○　○　○　○	
同　　○　○　○　○	同　　○　○　○　○	
同　　○　○　○　○	同　　○　○　○　○	
同　　○　○　○　○	同　　○　○　○　○	
監　事　○　○　○　○	監　事　○　○　○　○	
同　　○　○　○　○	同　　○　○　○　○	

（＊）＿＿＿＿（アンダーライン）は，厚生労働省(医政局)が付した改正事項。

Column 12
医療法人の数

平成28年3月31日現在の厚生労働省の調査による医療法人の数は，次のとおりです。

医療法人の総数5万1,958法人のうち，社団（持分あり）が，4万601法人・78.14％を占めており，持分なしが1万1,357法人（財団381法人をふくむ）で21.85％，うち特定医療法人が369法人・0.71％，社会医療法人は262法人・0.50％にすぎないことが分かります。

形　　態		医療法人	うち 特定医療法人	うち 社会医療法人
財　団	－	381	49	34
社　団	持分あり	40,601	－	－
	持分なし	10,976	320	228
	（計）	51,577	320	228
1人医師法人		(43,237)	－	－
総　　数		51,958	369	262

5 定款施行細則（案）

医療法人社団　〇〇会

定款施行細則

（目的）
第1条　この細則は，定款第〇〇条の規定に基づき，医療法人社団〇〇会（以下「本社団」という。）の定款の施行について定める。
　2　本社団の定款の変更，管理等に関する事項は，法令または定款に定めるもののほか，本細則の定めるところによる。

（定款の変更）
第2条　本社団の定款を変更するには，社員総会の決議によらなければならない。
　2　前項の決議があった場合は，次に掲げる事項を除き，都道府県知事の認可を得なければならない。
　　(1)　事務所の所在地
　　(2)　公告の方法
　3　前項各号に係る定款の変更をしたときは，遅滞なく，その変更した定款を都道府県知事に届け出なければならない。

（定款の管理）
第3条　本社団は，定款を事務所に備え置き，社員または債権者から請求があった場合には，正当な理由がある場合を除いて，これを閲覧に供しなければならない。

（改廃）
第4条　本細則の改廃は，理事会および社員総会の決議による。

　附　則
（施行期日）
第1条　本細則は，平成〇年〇月〇日から施行する。

6　理事会議事細則(案)

医療法人社団　○○会

理事会議事細則

(目的)
第1条　この細則は,定款第○○条の規定に基づき,医療法人社団○○会(以下「本社団」という。)の理事会の議事について定める。
　2　本社団の理事会の議事に関する事項は,法令または定款に定めるもののほか,本細則の定めるところによる。

(構成)
第2条　理事会は,理事全員をもって構成する。
　2　監事は,理事会に出席し,必要があると認めるときは,意見を述べなければならない。

(関係者の出席)
第3条　理事会は,必要に応じて,理事および監事以外の者を出席させて,その意見または説明を求めることができる。

(会議の種類)
第4条　理事会は,定例理事会および臨時理事会とする。
　2　定例理事会は,原則として毎月1回開催し,臨時理事会は,必要に応じて開催する。

(招集権者)
第5条　理事会は,理事長が招集する。理事長が欠けたときまたは理事長に事故があるときは,理事長があらかじめ定めた順位に従い,他の理事が理事会を招集する。
　2　前項の規定により理事会を招集する理事(以下「招集権者」という。)以外の理事は,招集権者に対し,理事会の目的である事項を示して,理事

　　　　会の招集を請求することができる。
　　3　前項の規定による請求があった日から5日以内に，その請求があった日から2週間以内の日を理事会の日とする理事会の招集の通知が発せられない場合には，その請求をした理事は，理事会を招集することができる。
　　4　監事は，法令の定める場合において必要があると認めるときは，招集権者に対し，理事会の招集を請求することができる。
　　5　第3項の規定は，前項の規定による請求があった場合に準用する。

（招集手続）
第6条　理事会の招集通知は，各理事および各監事に対し，期日の1週間前までに発しなければならない。
　　2　理事および監事の全員の同意があるときは，前項の招集手続を省略することができる。

（議長）
第7条　理事会の議長は，理事長とする。理事長が欠けたときまたは理事長に事故があるときは，あらかじめ理事会において定めた順序に従い，他の理事を議長とする。

（決議方法）
第8条　理事会の決議は，法令または定款に別段の定めがある場合を除き，議決事項について特別の利害関係を有する理事を除く理事の過半数が出席し，その過半数をもって行う。
　　2　前項の規定にかかわらず，理事が理事会の決議の目的である事項について提案した場合において，その提案について特別の利害関係を有する理事を除く理事全員が書面または電磁的記録により同意の意思表示をしたときは，理事会の決議があったものとみなす。ただし，監事がその提案について異議を述べたときはこの限りでない。

（決議事項等）
第9条　理事会は，法令または定款に定められた事項のほか，次の職務を行う。
　　(1)　本社団の業務執行の決定
　　(2)　理事の職務の執行の監督

(3)　理事長の選出および解職
　(4)　重要な資産の処分および譲受けの決定
　(5)　多額の借財の決定
　(6)　重要な役割を担う職員の選任および解任の決定
　(7)　従たる事務所その他の重要な組織の設置，変更および廃止の決定
　(8)　定款第○○条の定めに基づく医療法第47条第1項の責任の免除
2　理事は，次に掲げる取引を行う場合には，理事会において，当該取引につき重要な事実を開示し，その承認を受けなければならない。
　(1)　自己または第三者のためにする本社団の事業の部類に属する取引
　(2)　自己または第三者のためにする本社団との取引
　(3)　本社団が当該理事の債務を保証することその他当該理事以外の者との間における本社団と当該理事との利益が相反する取引

(報告事項)
第10条　理事長は，本社団の業務を執行し，3カ月に1回以上，自己の職務の執行の状況を理事会に報告しなければならない。（※1）
2　前条第2項各号に掲げる取引をした理事は，当該取引後，遅滞なく，当該取引についての重要な事実を理事会に報告しなければならない。
3　理事または監事が，理事および監事の全員に対して理事会に報告すべき事項を通知したときは，当該事項を理事会へ報告することを要しない。ただし，第1項の報告については，この限りではない。

(議事録)
第11条　理事会の議事録には，以下の事項を記載し，理事会に出席した理事および監事が，署名または記名押印する。（※2）
　(1)　開催された日時および場所（当該場所に存在しない理事または監事が出席した場合における当該出席の方法を含む。）
　(2)　理事会が第5条第2項ないし第5項のいずれかの方法により招集されたものであるときは，その旨
　(3)　議事の経過の要領およびその結果
　(4)　決議を要する事項について特別の利害関係を有する理事があるときは，当該理事の氏名
　(5)　次のことについて，述べられた意見又は発言の内容の概要

　　　　ア　第10条第2項により，理事がした報告
　　　　イ　監事が本社団の業務または財産に関し，不正の行為または法令若しくは定款に違反する重大な事実があることを発見した場合において，監事がした報告
　　　　ウ　第2条第2項により，監事が述べた意見
　　(6)　議長の氏名
　2　次に掲げる場合には，議事録は次に定める事項を内容とする。
　　(1)　第8条第2項により理事会の決議があったものとみなされた場合
　　　　ア　理事会の決議があったものとみなされた事項の内容
　　　　イ　当該事項の提案をした理事の氏名
　　　　ウ　理事会の決議があったものとみなされた日
　　　　エ　議事録の作成に係る職務を行った理事の氏名
　　(2)　第10条第3項により理事会への報告を要しないものとされた場合
　　　　ア　理事会への報告を要しないものとされた事項の内容
　　　　イ　理事会への報告を要しないものとされた日
　　　　ウ　議事録の作成に係る職務を行った理事の氏名
　3　理事会の議事録は，理事会の日から10年間，本社団の主たる事務所に備え置かなければならない。

（改廃）
第12条　本細則の改廃は，理事会の決議による。

　　附　則
（施行期日）
第1条　本細則は，平成○年○月○日から施行する。

(※1)　「毎事業年度4カ月を超える間隔で2回以上」と規定しても可。
(※2)　「理事長と出席した監事」としても可。

7 社員総会議事細則（案）

医療法人社団　〇〇会

社員総会議事細則

（目的）
第1条　この細則は，定款第〇〇条の規定に基づき，医療法人社団〇〇会（以下「本社団」という。）の社員総会の議事について定める。
　　2　本社団の社員総会の議事に関する事項は，法令または定款に定めるもののほか，本細則の定めるところによる。

（種類及び開催）
第2条　社員総会の種類は，定時社員総会および臨時社員総会とする。
　　2　理事長は，毎年2回，定時社員総会を開催しなければならない。
　　3　理事長は，必要があると認めるときは，いつでも臨時社員総会を招集することができる。
　　4　理事長は，総社員の5分の1以上の社員から，社員総会の目的である事項を示して臨時社員総会の招集を請求された場合には，請求のあった日から20日以内に，臨時社員総会を招集しなければならない。

（招集手続）
第3条　社員総会の招集の通知は，その社員総会の日より少なくとも5日前に，その社員総会の目的である事項，日時および場所を記載し，理事長がこれに記名した書面で社員に通知する方法で行う。

（議長の選任方法及び権限）
第4条　議長，社員総会において選任する。
　　2　議長は，社員総会の秩序を維持し，議事を整理する。
　　3　議長は，その命令に従わない者その他社員総会の秩序を乱す者を退場させることができる。

（決議事項等）
第5条　社員総会は，法令または定款に定められた事項のほか，次に掲げる事項について決議する。
　(1)　定款の変更
　(2)　基本財産の設定および処分（担保提供を含む。）
　(3)　毎事業年度の事業計画の決定または変更
　(4)　収支予算および決算の決定または変更
　(5)　重要な資産の処分
　(6)　借入金額の最高限度の決定
　(7)　社員の入社および除名
　(8)　本社団の解散
　(9)　他の医療法人との合併もしくは分割に係る契約の締結または分割計画の決定
　2　前項に定める事項の他重要な事項についても，社員総会の議決を経ることができる。
　3　社員総会においては，あらかじめ通知のあった事項のほかは議決することができない。ただし，急を要する場合はこの限りではない。

（役員の説明義務）
第6条　理事および監事は，社員総会において，社員から特定の事項について説明を求められた場合には，当該事項について必要な説明をしなければならない。ただし，当該事項が社員総会の目的である事項に関しないものである場合その他次に掲げる正当な理由がある場合には，この限りでない。
　(1)　社員が説明を求めた事項について，説明をすることにより社員の共同の利益を著しく害する場合
　(2)　社員が説明を求めた事項について，説明をするために調査をすることが必要である場合。ただし，次に掲げる場合を除く。
　　ア　当該社員が，社員総会の日よりも相当の期間前に，当該事項を医療法人に対して通知した場合
　　イ　当該事項について，説明をするために必要な調査が著しく容易である場合
　(3)　社員が説明を求めた事項について説明をすることにより本社団その他の者（当該社員を除く。）の権利を侵害することとなる場合

(4) 社員が当該社員総会において実質的に同一の事項について繰り返して説明を求める場合
(5) 前各号に掲げる場合のほか，社員が説明を求めた事項について説明をしないことにつき正当な理由がある場合

(議決権)
第7条　社員は，社員総会において各1個の議決権および選挙権を有する。
2　社員総会の議決事項につき特別の利害関係を有する社員は，当該事項につきその議決権を行使できない。
3　社員総会に出席することのできない社員は，あらかじめ通知のあった事項についてのみ書面または代理人をもって議決権および選挙権を行使することができる。ただし，代理人は社員でなければならない。
4　代理人は，代理権を証する書面を議長に提出しなければならない。

(決議方法)
第8条　社員総会は，総社員の過半数の出席がなければ，その議事を開き，決議することができない。
2　社員総会の議事は，法令または定款に別段の定めがある場合を除き，出席した社員の議決権の過半数で決し，可否同数のときは，議長の決するところによる。
3　前項の場合において，議長は，社員として議決に加わることができない。

(議事録)
第9条　社員総会の議事については，議事録を作成しなければならない。
2　議事録には，以下の事項を記載する。
(1) 開催された日時および場所（当該場所に存在しない理事，監事または社員が出席した場合における当該出席の方法を含む。）
(2) 議事の経過の要領およびその結果
(3) 決議を要する事項について特別の利害関係を有する社員があるときは，当該社員の氏名
(4) 次のことについて，述べられた意見または発言の内容の概要
　ア　監事の選任もしくは解任または辞任について，監事が述べた意見
　イ　監事を辞任した者が，辞任後最初に招集される社員総会において述べ

　　　　た意見
　　ウ　監事が本社団の業務または財産に関し，不正の行為または法令もしく
　　　は定款に違反する重大な事実があることを発見した場合において，監事
　　　がした報告
　　エ　監事が社員総会に提出しようとする議案，理事が社員総会に提出しよ
　　　うとする議案，書類，電磁的記録その他の資料につき，法令もしくは定
　　　款に違反し，または著しく不当な事項があると認めた場合において，監
　　　事がした報告
　　オ　監事の報酬等について，監事が述べた意見
　(5)　出席した理事または監事の氏名
　(6)　議長の指名
　(7)　議事録の作成に係る職務を行った者の氏名
3　社員総会の議事録は，社員総会の日から10年間，本社団の主たる事務所
　に備え置かなければならない。

（改廃）
第10条　本細則の改廃は，社員総会の決議による。

附　則
（施行期日）
第1条　本細則は，平成○年○月○日から施行する。

8 役員の損害賠償責任に係る細則(案)

医療法人社団　○○会

役員の損害賠償責任に係る細則

(目的)
第1条　この細則は，医療法人社団○○会(以下「本社団」という。)の理事または監事(以下「役員」という。)の本社団に対する損害賠償責任を免除する際の手続等について定める。
　2　役員の本社団に対する損害賠償責任に関する事項は，法令または定款に定めるもののほか，本細則の定めるところによる。

(医療法人に対する役員の損害賠償責任)
第2条　役員は，その任務を怠ったときは，本社団に対し，これによって生じた損害を賠償する責任を負う。
　2　理事が，理事会において，当該取引につき重要な事実を開示し，その承認を受けることなく，競業取引(自己または第三者のために本社団の事業の部類に属する取引をいう。)をしたときは，当該取引によって理事または第三者が得た利益の額は，前項の損害の額と推定する。
　3　理事が利益相反取引(①自己もしくは第三者のためにする本社団との取引または②本社団が理事の債務を保証することその他理事以外の者との間において本社団と当該理事との利益が相反する取引をいう。)をしたことによって本社団に損害が生じたときは，次に掲げる理事は，その任務を怠ったものと推定する。
　(1)　当該取引を行った理事
　(2)　本社団が当該取引をすることを決定した理事
　(3)　当該取引に関する理事会の承認の決議に賛成した理事

(総社員の同意に基づく免除)
第3条　前条第1項の責任は，総社員の同意がなければ，免除することができない。

（社員総会の決議による免除）
第4条　前条の規定にかかわらず，第2条第1項の責任について，役員が職務を行うにつき善意でかつ重大な過失がないときは，次の第1号に掲げる額から第2号に掲げる額（第6条第1項において「最低責任限度額」という。）を控除して得た額を限度として，社員総会の決議によって免除することができる。
　(1)　賠償の責任を負う額
　(2)　役員がその在職中に本社団から職務執行の対価として受け，または受けるべき財産上の利益の1年間当たりの額に相当する額として次項に定める方法により算定される額に，次に掲げる役員の区分に応じ，次に定める数を乗じて得た額
　　ア　理事長　6
　　イ　理事長以外の理事であって，次に掲げるもの　4
　　　①　理事会の決議によって本社団の業務を執行する理事として選定されたもの
　　　②　本社団の業務を執行した理事（理事長を除く。）
　　　③　本社団の職員
　　ウ　理事（理事長およびイに掲げるものを除く。）または監事　2
　2　役員がその在職中に本社団から職務執行の対価として受け，または受けるべき財産上の利益の1年間当たりの額に相当する額は，次の第1号および第2号の合計額とする。
　(1)　当該役員がその在職中に報酬，賞与その他の職務執行の対価（当該理事が本社団の職員を兼ねている場合における当該職員の報酬，賞与その他の職務執行の対価を含む。）として本社団から受け，または受けるべき財産上の利益（第2号に定めるものを除く。）の額の会計年度（次のアからウまでに掲げる区分の場合に応じ，当該アからウまでに定める日を含む会計年度及びその前の各会計年度に限る。）ごとの合計額（当該会計年度の期間が1年でない場合にあっては，当該合計額を1年当たりの額に換算した額）のうち最も高い額
　　ア　第1項の社員総会の決議を行った場合　当該社員総会の決議の日
　　イ　第5条第1項の定款の定めに基づいて責任を免除する旨の理事会の決議を行った場合　当該決議のあった日

ウ　第6条第1項の契約を締結した場合　責任の原因となる事実が生じた日（2以上の日がある場合にあっては，最も遅い日）
(2)　次のアに掲げる額をイに掲げる数で除して得た額
　　ア　次に掲げる額の合計額
　　　　① 当該役員が本社団から受けた退職慰労金の額
　　　　② 当該理事が本社団の職員を兼ねていた場合における当該職員としての退職手当のうち当該理事を兼ねていた期間の職務執行の対価である部分の額
　　　　③ 上記に掲げるものの性質を有する財産上の利益の額
　　イ　当該役員がその職に就いていた年数（当該役員が次に掲げるものに該当する場合における次に定める数が当該年数を超えている場合にあっては，当該数）
　　　　① 理事長　　6
　　　　② 理事長以外の理事であって，本社団の職員である者　　4
　　　　③ 理事（理事長および②に掲げるものを除く。）または監事　2
3　理事は，第1項の責任の免除（理事の責任の免除に限る。）に関する議案を社員総会に提出するには，監事（監事が2人以上ある場合にあっては，各監事）の同意を得なければならない。
4　第1項の場合には，理事は，同項の社員総会において次に掲げる事項を開示しなければならない。
(1)　責任の原因となった事実および賠償の責任を負う額
(2)　第1項の規定により免除することができる額の限度およびその算定の根拠
(3)　責任を免除すべき理由および免除額
5　第1項の決議は，出席者の3分の2以上の賛成がなければ，することができない。
6　第1項の決議があった場合において，本社団が当該決議後に当該理事に対して，次に掲げる財産上の利益を与えるときは，社員総会の承認を受けなければならない。
(1)　退職慰労金
(2)　当該理事が本社団の職員を兼ねていたときは，当該職員としての退職手当のうち当該理事を兼ねていた期間の職務執行の対価である部分
(3)　前各号に掲げるものの性質を有する財産上の利益

（理事会の決議による免除）
第5条　第3条の規定にかかわらず，第2条第1項の責任について，役員が職務を行うにつき善意でかつ重大な過失がない場合において，責任の原因となった事実の内容，役員の職務の執行の状況その他の事情を勘案して特に必要と認めるときは，前条第1項の規定により免除することができる額を限度として理事会の決議によって免除することができる旨を定款で定めることができる。
　　2　前条第3項の規定は，定款を変更して前項の定め（理事の責任を免除することができる旨の定めに限る。）を設ける議案を社員総会に提出する場合および前項の定款の定めに基づく責任の免除（理事の責任の免除に限る。）に関する議案を理事会に提出する場合について準用する。
　　3　第1項の定款の定めに基づいて役員の責任を免除する旨の理事会の決議を行ったときは，理事は，遅滞なく，前条第4項各号に掲げる事項および責任を免除することに異議がある場合には一定の期間内に当該異議を述べるべき旨を社員に通知しなければならない。ただし，当該期間は，1カ月を下ることができない。
　　4　総社員（前項の責任を負う役員等であるものを除く。）の議決権の10分の1以上の議決権を有する社員が同項の期間内に同項の異議を述べたときは，本社団は，第1項の規定による定款の定めに基づく免除をしてはならない。
　　5　前条第6項の規定は，第1項の規定による定款の定めに基づき責任を免除した場合について準用する。

（責任限定契約による免除）
第6条　第3条の規定にかかわらず，本社団は，次の各号に掲げる役員（以下「非理事長理事等」という。）の第2条第1項の責任について，当該非理事長理事等が職務を行うにつき善意でかつ重大な過失がないときは，定款で定めた額の範囲内であらかじめ定めた額と最低責任限度額とのいずれか高い額を限度とする旨の契約を当該非理事長理事等と締結することができる旨を定款で定めることができる。
　　(1)　理事（業務執行理事（理事長および当該本社団の業務を執行したその他

　　　　の理事をいう。次項において同じ）または職員でないものに限る。）
　　(2) 監事
2　　前項の契約を締結した非理事長理事等（理事に限る。）が本社団の業務執行理事または職員に就任したときは，当該契約は，将来に向かってその効力を失う。
3　　第3条第3項の規定は，定款を変更して第1項の定め（第1号の理事の責任を免除することができる旨の定めに限る。）を設ける議案を社員総会に提出する場合について準用する。
4　　第1項の契約を締結した本社団が，当該契約の相手方である非理事長理事等が任務を怠ったことにより損害を受けたことを知ったときは，その後最初に招集される社員総会において，次の各号に掲げる事項を開示しなければならない。
　　(1) 責任の原因となった事実および賠償の責任を負う額
　　(2) 第4条第1項の基準により免除することができる額の限度およびその算定の根拠
　　(3) 当該契約の内容および当該契約を締結した理由
　　(4) 第2条第1項の損害のうち，当該非理事長理事等が賠償する責任を負わないとされた額
5　　第4条第6項の規定は，非理事長理事等が第1項の契約によって同項に規定する限度を超える部分について損害を賠償する責任を負わないとされた場合について準用する。

（理事が自己のためにした取引に関する特則）
第7条　自己のために本社団と取引をした理事の第2条第1項の責任は，任務を怠ったことが当該理事の責めに帰することができない事由によるものであることをもって免れることができない。
2　　前3条の規定は，前項の責任については，適用しない。

（改廃）
第8条　本細則の改廃は，社員総会の決議による。

　附　則

(施行期日)
第1条　本細則は，平成〇年〇月〇日から施行する。

> **Column 13**
>
> ### いわゆる「雇われ理事長」
>
> 　持分あり（経過措置）医療法人で，出資持分がない（または，小さい金額・口数）の医師・理事長がおられるのは事実で，いわゆる「雇われ理事長」ともいわれています。ご本人も「形だけの理事長で責任はとわない，オーナーから一筆もらっている。」との「自嘲的」（じちょうてき）に語られるのを，いくつか聞いたことがあります。
>
> 　オーナー（代理）のほとんどは，その株式会社から派遣，または出向して，その病院を秘かに（実質的に）管理（会計事務所の指定による財務データなどのチェック，把握など）している人で，非常勤の理事（社員）として隠れたポジションについているのが一般です。
>
> 　しかし「医療法人の理事長は，医療法人の業務に関する一切の裁判上または裁判外の行為をする権限を有する。」（法46の6の2第1項）と規定されており，この考え方，存在は非常に危険で，その医療法人が起こす事件に理事長としての法的責任は免れないはずです。

第2部

連携推進法人制度

第3章　連携推進法人制度の概要

第4章　連携推進法人の
　　　　認定・創設と課題

第3章

連携推進法人制度の概要

　この章は，本書の核心をなす部分であり，連携推進法人制度の内容を次の7つの大項目に分けて示してあります。
　Ⅰ　連携推進法人の理念・方針
　Ⅱ　連携推進法人の認定
　Ⅲ　連携推進法人の適合基準
　Ⅳ　連携推進法人の業務等
　Ⅴ　連携推進評議会
　Ⅵ　連携推進法人のガバナンス
　Ⅶ　連携推進法人・制度上のメリット・デメリット（本書では概要を列挙）

　この「章の扉」で，理念・方針からそれぞれの制度・組織化や基準などの内容を示すことは，屋上に屋根を加えることになり項目だけの提示に止めました。しかし，制度上は連携推進方針にふくまれる理念の重要性をⅠに掲げ，Ⅱ以下は，それぞれの項目の内容ごとに密接に係わりあうことに止めました。この第3章を基盤にして，大きめの連携推進法人の創設，つまり「無のなか」から連携推進法人の組織・システムを創りつつ地域医療，シームレスなアライアンスの実務展開が実施化されていくという流れを示しています。

　それぞれの項目は，施行された日（平成28年9月1日）現在の法，告示，その政省令，通知や事務連絡までを収録していることを改めてお断り申しあげます。平成29年に，それらをふくめ，JPBM・医業経営部会の研究仲間（巻末に掲載）とともに深化させた『地域医療連携推進法人』（仮）として発刊する予定であります。

Ⅰ 連携推進法人の理念・方針

1 基本的な立場

　連携推進法人は，地域医療構想に基づく連携推進区域内で，法70条で定める参加法人とともに地域包括ケアに係る連携提携を推進，その方針を定め，それを目的とした業務を行うことになります。

　参加法人は，その社員となるならないにかかわらず，Win-Win の連携提携の実績と高い理念・方針を実践しているはずであり，そのような法人を参加せしめグループ化を図るべきです。その法人は，医療（ここでは介護をふくむものとします）の質についても評価を受けるべきでしょう。

　医療の質の評価は，医療提供により患者のニーズが充足された程度で表わされるものであり，その要素としては，技術，人間関係，アメニティの３つがあるとされています。

　医療においては，病気の転帰（病気が進行した結果の状態）のみならず，治療環境（構造的な環境だけでなく，サービスなどのソフトをふくめたもの）や治療過程（診断，治療法の選択，治療状況），患者の受容状況（どのように受け止めているか，どのように感じているか）なども重要であるとし，それらを次の３つの要素つまり，構造的側面（structure），プロセス（process），結果（outcome）の３つの側面からアプローチすべきでしょう。

(1) 構造的側面からの評価

　医療に投入される資源（人，物，建物等）とそれらを構成・運用する組織の体制を情報として用い，良質の医療提供の"可能性"を判断します。これらの

情報は明示的で把握されやすいため，客観評価を容易に行えますが，あくまで"可能性"の評価であり，間接的評価である点が短所として指摘されています。

(2) プロセスからの評価

実際にどのような手順，手続で医療が提供されているかを情報として得て，判断するものであり，構造からの評価に比べると臨床的合意が得られやすいのですが，技術的側面に偏りやすい点がこれまでは短所として指摘されてきました。

(3) 結果からの評価

医療提供により患者がどのような状態になったかということから医療の適切性を評価するものです。医療の目的に即した直接的な評価であるといえますが，その後の改善に資するという点からは，その結果に至るまでの構造やプロセスとの関係が必ずしも明確でないことが短所として指摘されています。

実際に評価を行う場合には，それぞれの長所・短所を考慮して，目的に合わせて適切に組み合わせて用いることが必要となります。

この第三者評価として，公益財団法人日本医療機能評価機構が実施している病院機能評価と，ISO9001国際標準化機構による品質マネジメントシステムの認証，ISO14001の環境マネジメントシステムの認証があり，認証規格外としてISO26000組織の社会的責任の宣言があります。

連携推進法人ならびに参加法人の組織体は，連携推進方針を基盤に定款を中心とした規則・規程等の体系で律せられていますが，その頂点にあり，組織の使命的なものを明らかにしたのが理念です。

その理念は，一般に形而上の言葉でつくられますが，それを補い，より実務的に分かり易くした行動指針（基準）や倫理綱領が作られることもあります。

理念や指針は，どのような高次のものを策定しても，参加法人の全職員に理

解され実践されていかなければ「絵に描いた餅」であり，有害でさえあります。策定は，参加法人に参加せしめ，周知徹底（例：院内掲示，パンフでの明記，教育研修での活用，名刺・印刷物での明記など）すべきです。

2 連携推進法人の理念

(1) その前提

連携推進法人の理念を策定する場合，参加法人先に示しましたWin-Winを超えた面としての広がり（三方よし），つまり全てのステークホルダーへの適切な対応の評価があること，連携推進方針の上位概念，かつ病院等を直接経営しないことを前提とします。

つまり，いくつもの病医院を展開する医療法人の法人本部を想定，一般社団法人である連携推進法人とは，民法契約法上のものとなるはずです。

(2) 理念にもりこまれるべき要素

① 一般的な事項

連携推進法人制度の創設の主旨や形而上の概念であり，法令の内容などから次の要素を文書等で示し宣言すべきでしょう。

ア　連携推進法人○○会は，参加法人とともに地域医療の連携提携を推進すること。

イ　○○県地域医療区域○○のシームレスな医療介護を実施すること。

ウ　参加法人は，急性期高度医療を提供する○○病院，急性期医療を提供する○○病院，○×病院，回復期医療を提供する×○病院，○×病院，慢性期医療介護を提供する×△病院，および○○介護老人保健施設，在宅医療介護を提供する△△診療所，○△診療所とし，さらにかかりつけ医師，かかりつけ薬局がシームレスなアライアンスを地域に広げて構築すること。（※）

エ　ウのような表記でなく，機能・サービス提供別に法人病医院，施設名を列挙することも有効であること。（※）印は，連携推進方針にも記載される要件であり，それを引用することも可と思われます。

② 連携推進方針の記載事項（図表3－10のイメージ表・参照）
　ア　連携推進区域
　　　知事（行政側）と事前の協議により「○○市南東部の○○地区やその周辺の○○を中心とした周辺区域」などと記載することになりましょう。
　イ　その区域での参加法人・病院等の医療提供機能の分担や，シームレスな連携のしかた，しくみ。
　ウ　イによる目標
　エ　省令で定める次のような事項（案）
　　㋐　健康生活をおくるための普及，セミナーの実施
　　㋑　高齢者介護サービスへのボランティアの支援
　　㋒　生活困窮者への無償・低廉医療の提供

　ここで問題になるのが「ウに示されたイによる目標」です。目標の設定は，その達成度を定量的（計数で示す）なケースと定性的（形容詞的なことば）ケースがあります。
　行政当局の指導，連携推進評議会の意見具申もあり事前の綿密な協議により，定性的な目標設定からより具体的な定量的目標設定をし，評価もそのようになされていくべきと考えています。

　厚生労働省・医政局・医療経営支援課が示す「統一的な医療連携推進方針」のイメージ（本章Ⅱ・1および第4章Ⅱ・4）のように100人とか5ポイントのような厳格な定量的目標と評価が仮に創設当初からなされた場合，その数字合わせの地域医療アライアンスになり，かえって有害となる恐れが考えられます。
　地域医療のアライアンスは，地域住民を中心に参加法人がシームレスなしくみを面として徐々に高め，修正しながらその地域に合ったものにしていくようにすべきと考えています。
　ただし，私どもはこの連携推進法人によるアライアンスの安定的な展開は，公共的・公益的色彩を持つものと思っており，連携推進法人と参加法人は，そ

こでの地域医療・住民の安心安全な生活に社会的期待が寄せられています。

連携推進方針を取り込んだ組織の社会的責任を果たすべきと考え，理念の項に組織の社会的責任に国際規格（ISO26000）の導入の必要性を，大規模の連携推進法人を想定して示します。

3　ISO26000（社会的責任の国際規格：SR）

(1)　SRの必要性

2010年（平成22年）11月1日，組織の社会的責任（Social Responsibility：SR）に関する国際規格，「ISO26000」が発行され，これまでのISOのマネジメントシステム規格（ISO9001：品質，ISO14000：環境）と異なり，認証を目的としたものではなく，規格の実践と実証においてステークホルダー（利害関係者等）を重視し活用することにあります。

わが国の医療提供施設は，国民皆保険制度のもとで，患者の家族，医師を含む職員，行政機関，大学など，さらに連携先の他の医療機関など，さまざまなステークホルダーに支えられた組織であり，特に連携推進法人はSRの導入により組織的な社会的責任を認識し，評価・改善していくことが期待されるはずです。

(2)　社会的責任の概要（7つの中核課題）

社会的責任には7つ（①から⑦）の中核主題が設定されており，組織統治，人権，就業慣行，環境，公正な業務慣行，患者課題，コミュニティへの参画およびコミュニティの発展となっています。また，それぞれの中核主題に対して複数の課題が設定されており，合計36個の課題となっており，これを充足すること（全てでなくとも可）が必要です。

① 組織統治

社会的責任は，医療提供施設であれば，適切な医療の提供など組織として明確で透明性のある意思決定が，その仕組みの中でなされていることが必要であ

り，具体的な行動例の一部を次に示します。

図表3－1　組織統治の行動例

具体的行動例	概　　要	関連法令等
監事の選定と適正な運営	組織では，組織の統治が有効に機能しているか，監督する者を任命することが義務付けられている。	民法、医療法
ステークホルダー・ダイアログ	組織外の人々からどのように見られているのかを，ステークホルダーを集めた定期的な対話によって知る。	患者会 取引業者会
コンサルタントや協議会などの専門家の活用	医業経営コンサルタントなど，多くの組織を知る専門家や有識者を活用し，自組織の統治力向上を図る。	連携推進協議会

② 人　権

人権には，大きく分けて，市民的および政治的権利，経済的・社会的および文化的権利の2種類があります。すべての人は平等に扱われ，自由に思ったことを表現し，働き，食べ，医療・教育を受け，安全に生活していくための基本的な権利をもっています。

人権を守るためには個人・組織両方の認識とともに，直接的・間接的な人権侵害の改善も必要で，次に具体的な行動例を示します。

図表3－2　人権の行動例

具体的行動例 ＼ 課題	①デューディリジェンス	②人権に関する危機的状況	③人権侵害・加担の回避	④地域住民などの苦情解決	⑤差別および社会的弱者	⑥市民的および政治的権利	⑦経済的，社会的および文化的権利	⑧就業における基本的原則および権利
差別のない雇用の実施	○			○	○		○	○
不当な就業条件下での労働の禁止		○	○			○		
人権教育の実施	○	○	○					
人権（苦情）相談窓口の設置の実施				○				
障がい者・高齢者など社会的弱者の雇用促進					○	○	○	○

（注）　○は，特に関連性の高い課題を示します。

　この法令には労基法，労契法，男女雇用機会均等法などがあります。

③　就業慣行

　組織が雇用を生み出し職員に給与を支払うことで職員の生活水準が維持・改善していくという就業慣行は，社会・経済に対して大きな影響を与えています。

　この就業慣行は，組織とその直接の職員との関係だけでなく，派遣職員や委託先での就業などもふくまれています。

　「労働は商品ではない」（1944年ILOフィラデルフィア宣言の遵守）ことを基本原則とし，かつその内容の保障が大事で，次に具体的な行動例を示します。

図表3-3　就業慣行の行動例

具体的行動例 \ 課題	①雇用および雇用関係	②就業条件および社会的保護	③地域社会との対話	④就業における安全衛生	⑤職場における人材育成および訓練
職場の安全環境の改善			○	○	
ワーク・ライフバランス推進	○	○	○		
非正規社員の正規登用制度の実施	○	○			○
人材育成・職業訓練の実施			○		○
高齢者など社会的弱者の積極雇用	○	○	○		○

(注)　○は，特に関連性の高い課題を示します。

この基本的な法令には，労基法，労契法，労働安全衛生法，労働組合法，労働関係調整法，労働者派遣法，職業能力開発促進法，障害者雇用促進法，高齢者雇用安定法，育児・介護休業法，男女雇用機会均等法などがあります。

④　環　境

現代社会は，天然資源の枯渇，汚染，気候変動，生態系の崩壊など様々な環境問題に直面しています。すべての組織は，規模の大小にかかわらず，環境に何らかの影響を及ぼしており，その影響をゼロにすることはできませんが，それぞれの組織が，環境に対する責任を持ち，予防的アプローチにより，悪い影響をできるだけ小さくしていくことはできるはずです。その具体的行動例を示します。

図表3－4　環境の行動例

具体的行動例 \ 課題	①汚染の予防	②持続可能な資源の利用	③気候変動の緩和および適応	④環境保護，生物多様性，および自然生息地の回復
大気・水・土壌汚染の低減・浄化対策の実施	○			○
資源利用量の削減・効率化（省エネ・省資源）の実施	○	○	○	
資源の再利用・再資源化の実施		○	○	
環境マネジメントシステムの導入の実施	○	○	○	○
サプライチェーン（※）における環境・生物多様性保全活動	○			○

(注)　①　○は，特に関連性の高い課題を示します。
　　　　　その基本的な法令は，環境基本法，廃棄物処理法，水質汚濁防止法，下水道法，大気汚染防止法，悪臭防止法，化学物質排出把握管理促進法（PRTR法），地球温暖化対策推進法，資源有効利用促進法などです。
　　　②　（※）需要と供給，在庫などのネットワーク情報管理。

⑤　公正な業務慣行

　組織として社会的責任を果たしていくためには，組織として社会に対して論理的な行動をとることが必要であり，基本でもあります。不正によって不当な利益を得ているような場合は，組織として社会的責任を果たしているとはいえません。

　論理的な行動基準の順守・促進はすべての公正な業務慣行の基礎であり，公正な業務慣行の課題としては，汚職防止，責任ある政治的関与，公正な競争，バリューチェーンにおける社会的責任の推進，財産権の尊重が挙げられます。

　そのためには，経営トップの行動見本，西洋社会の倫理観・「ノーブレス・

オブリージュ（※）」（高貴なる（高位）者の心がまえ：矜持）が必要なこと，ともに次のような具体的行動例で示されるでしょう。

　（※）　これは，「上からの目線」として忌避されることもあり，注意が必要です。

図表3－5　公正な業務慣行の行動例

課題 具体的行動例	①汚職の防止	②責任ある政治的関与の意見具申	③公正な競争	④参加法人の社会的責任の推進	⑤財産権の尊重
社会的意識の向上教育の実施	○		○		
内部通報・相談窓口の設置	○	○	○	○	○
納入業者への配慮（支払期日・方法）の実施					○
フェアトレード（※）製品などの購入の実施				○	
社会的責任活動の取引先・顧客への推奨の実施				○	
職員の発明への正当な対価の補償の実施					○

（注）　①　○は，特に関連性の高い課題を示します。
　　　　　　その基本的な法令は，独禁法，不正競争防止法，金融商品取引法，会社法，商標法，著作権法，知的財産基本法などです。
　　　　②　（※）発展途上国などで作られた食品・素材など。

⑥　患者課題

　広告に関する規制を遵守し，不正確な宣伝をすることなどで患者（利用者をふくむ）およびその家族（以下「患者」という）が不利になることや，安全面に欠陥がある医療を提供して患者に危険がおよぶことがないようにすべきです。
　自らの組織が提供する医療提供サービスに責任をもち，そのサービスが患者に危害をおよぼさないようにすることが重要です。
　具体的行動例を次に示します。

図表3－6　患者課題の行動例

具体的行動例 \ 課題	① 公正なマーケティング, 情報および契約慣行	② 患者の安全衛生の保護	③ 持続可能な提供	④ 患者に対するサービス, 支援, ならびに苦情および紛争の解決	⑤ 患者データ保護およびプライバシー	⑥ 必要不可欠なサービスへのアクセス	⑦ 教育および意識向上
品質マネジメントシステムの導入		○		○			
個人情報保護マネジメントシステムの導入					○		
患者・職員の安全基準の策定		○					
患者窓口の設置・強化の実施				○	○		
患者とのコミュニケーション強化の実施				○	○		○
わかりやすいマニュアルの作成		○		○			○
積極的な情報開示の実施	○	○					○
エコ推進運動・エコ製品製造の実施			○				○
社会的弱者などを対象とした割引等の制度						○	

(注)　○は, 特に関連性の高い課題を示す。
　　　その基本的な法令は, 医療法, 消費者契約法, 不正競争防止法, 製造物責任法（PL法）, 個人情報保護法などです。

⑦　地域社会への参画およびその発展

　組織は, 多かれ少なかれ, 町内会や商店街, 市区町村, 二次医療圏, 都道府県など地域社会（以下「コミュニティ」という）に属しています。連携推進区域内での社会的責任を果たすという観点から, 地域住民との対話から教育・文化の向上, 雇用の創出まで組織は自らが属しているコミュニティとコミュニケーションをとり, コミュニティの発展・活性化のために積極的に関与していくこ

とによって，ともに発展をしていくことが重要です。

連携推進法人は，この⑦に示した7つの項目の○印は，「理念」にも繋がり重要であり，連携推進評議会からの意見具申や目標の評価対象にされると思われます。

具体的行動例を次に示します。

図表3－7　地域社会への参画およびその発展の行動例

具体的行動例 ＼ 課題	①コミュニティへの参画	②教育および文化	③雇用創出および能力開発	④技術の開発および技術へのアクセス	⑤所得の創出	⑥健康	⑦社会的な投資
地域におけるボランティア活動の支援	○	○				○	
地域住民・弱者を対象とした啓発・教育活動	○	○				○	○
地域におけるスポーツ促進の支援	○	○				○	
社会的弱者の雇用促進活動の実施	○		○		○		○
コミュニティ内組織の協力による技術開発	○		○	○			
コミュニティを対象とした連携推進事業	○	○			○		○

(注)　○は，特に関連性の高い課題を示します。
　　　基本的な法令には，医療法，社会教育法やＮＰＯ法があります。

(3) 社会的責任の原則
① メリット
　その最大のメリットは，地域社会からの信頼を得ることにあり，次のような効果も期待できます。
　　ア　法令違反など，社会の期待に反する行為によって，事業継続が困難になることの回避
　　イ　統一標章を掲げた組織の評判，知名度，ブランドの向上
　　ウ　職員の採用・定着，士気向上，健全な労使関係への効果
　　エ　患者とのトラブルの防止・削減や，その他ステークホルダー（利害関係者：Stakeholder）との関係向上
　　オ　資金調達の円滑化，安定的な資材などの調達

② 社会的責任を果たすために（7つの原則）
　ISO26000で提示されている7つの原則を紹介します。
　　ア　説明責任：組織の活動によって外部に与える影響を説明すること。
　　イ　透明性：組織の意思決定や活動の透明性を保つこと。
　　ウ　倫理的な行動：公平性や誠実であることなど倫理観に基づいて行動すること。
　　エ　ステークホルダーの利害の尊重：さまざまなステークホルダーへ配慮して対応すること。
　　オ　法の支配の尊重：各国の法令を尊重し遵守すること。
　　カ　国際行動規範の尊重：法律だけでなく，国際的に運用している規範を尊重すること。
　　キ　人権の尊重：重要かつ普遍的である人権を尊重すること。

(4) 順守宣言

ISO26000 社会的責任（SR）は，独立した ISO 第三者機関による認証規格ではありません。先に示した7つの原則（ア～キ）の順守を宣言することが認証にかわります。連携推進法人の宣言例文を次に示します。

図表3－8　連携推進法人の宣言例文

○○地域医療アライアンス

（案）

社会的責任の順守宣言

201X 年○月○日
一般社団法人　地域医療連携推進法人　○○メディカル・アライアンス
理事長　○　○　○

　地域医療連携推進法人　○○メディカル・アライアンス（以下「当法人」という。）に参加する医療提供施設等およびそこに所属する全ての職員は，直接的に人の生命・健康に携わる医療人として「三方よし」（または「ノーブレス・オブリージュ」）による地域医療連携推進方針を掲げ順守する。さらにその社会的責任（Social Responsibility：SR）を示す基本標章○○を掲げて，下記の7つの基本原則の順守による ISO26000（その国際基準）の導入を宣言する。

記

（説明責任）
1　当法人は，○○地域の医療連携推進活動を推進し，その影響を適切に開示し説明します。

（透明性）
2　当法人は，その意思決定や活動に透明性を保ち，外部監査の結果を公表しま

す。

(論理的な行動)
3　当法人は，医療提供施設として公平で誠実な倫理観に基づいた行動をします。

(利害関係者の尊重)
4　当法人は，その活動による様々な，患者・利害関係者に配慮して対応します。

(法令の尊重)
5　当法人は，わが国の法律や諸法令を尊重し順守します。

(国際規範の尊重)
6　当法人は，国内法だけでなく，国際的に通用している規範を尊重します。

(人権の尊重)
7　当法人は，重要かつ普遍的である人権を尊重します。

(※)　近江商人の掲げた商業倫理「三方よし」，または noblesse oblige：高貴なる者（または高位者）の義務：矜持），西洋社会の倫理観のいずれかが必要と思われます。
(注)　この(3) ISO26000（社会的責任の国際規格）は，「病院医院　運営の手続と文例書式」（新日本法規出版㈱発行）の第3巻 ISO26000の導入を引用（一部修正）しております。

　この順守宣言は，強制適用されるものではありません。
　しかし，任意に地域医療アライアンス連携推進法人の理念または連携推進方針に組み込むことは可能であります。
　それと別に独自の立場から地域医療における社会的責任を示すことも有益であると信じますが，連携推進法人によるこの宣言は，参加法人にも順守が求められるはずであり，参加法人の理解をえて，参加法人も自院（法人）に合うように少し修正して，できれば同時に宣言すべきと考えています。
　その修正すべき事項を例示的に示します。

図表3－9 連携推進法人の宣言例文（参加医療法人の例示）

地域医療連携推進法人・「○○メディカル・アライアンス」参加法人

（案）

社会的責任の順守宣言

201X年○月○日

医療法人　○○会

理事長　○　○　○

　地域医療連携推進法人　○○会に社員として参加する医療法人○○会（以下，「当法人」という。）およびその全ての職員は，直接的に人の生命・健康に携わる医療人として「三方よし」による地域医療連携推進方針を掲げ順守する。その社会的責任（Social Responsibility：ＳＲ）を示す基本標章○○を掲げて，下記の７つの基本原則の順守による ISO26000（その国際基準）の導入を宣言する。

記

（説明責任）
1　当法人は，○○地域の医療連携推進活動の推進，その影響を適切に開示し説明します。

（透明性）以下，ほぼ同じ。

　前ページに連携推進法人，このページにそれに参加する法人が個別に社会的責任の順守宣言を公表する例示文を示しました。

　しかし，創業（ファウンデーション）社員間（ここでは，法人3病院を想定）だけでも連名で宣言し，後に参加法人がそれぞれ順守宣言をしていくことが実務的でありましょう。

> **Column 14**
>
> ### 病院機能評価とP・D・C・A
>
> 　病院の第三者評価の代表的なものに「病院機能評価」と「ISO9001」があり，前者は（公財）日本医療機能評価機構が，評価員（サーベイヤー）の現地調査を基準とし，評価部会等による審査・評価がなされる病院の，一定時点の静態的評価です。
>
> 　しかし，ISO9001の動態的評価の影響を受けて（私見），Ver 5.0から次のようにPDCAサイクルを回すことも採り入れられています。
>
> 　　　　　　　　　　　　　　— ・ —
>
> 　評価の原則も確認しておきたい。一般的に物事を実行する際にはPDCAサイクル，Plan → Do → Check → Actionの繰り返しが重要であるとされる。Plan → Doで終わっている仕事がないか？　そしてPDCAサイクルのCheckは誰が行っているかが重要であろう。
>
> 　Plan → Doは現場であっても，CheckそのものやCheckした結果の報告には必ず病院管理部門が関与すべきである。そして，管理者はActionを承認，ないしはActionに介入すべきであろう。このサイクルを反芻し，記録を整備すれば，病院機能評価における評点はより高いものとなり，また本来的にも病院の管理体制がより強いものになるだろう。
>
> 　特に，Ver 5.0からは，このPDCAの考え方が，病院組織全体だけではなく，各部門においても確実に回っているかが確認されることとなったのである。
>
> 　　　　　　　　　　　　　　　　　　　　　　（評価機構・資料一部引用）

Ⅱ 連携推進法人の認定

1 連携推進法人の要件（法第70条）

　携推進方針を定める一般社団法人 地域医療連携推進法人の認定を受けるには，次の３つを充足するとともに，認定基準を充足し具備することが必要となります。

　①　次の参加法人（営利法人を除く）と厚労省令（以下「省令」という）で定める者を社員とする
　　ア　連携推進区域で病院等を開設する法人
　　イ　連携推進区域で介護事業，その他の地域包括ケアシステムに係る施設，または事業所を開設，または管理する法人

　②　連携推進方針（病院等の業務連携）
　厚生労働省・医政局・医療経営支援課が「統一的な医療連携推進方針（イメージ）として，次のようなものを示して（一部表示変更修正）います。

図表３−10　連携推進法人の宣言例文（参加医療法人の例示）

イメージによる例示	イメージの具体例
１．地域医療連携推進法人の医療連携推進区域 　〇〇県〇〇市，〇〇市，〇〇町	(1)　退院支援・調整 ①　〇〇病院からの退院は◇◇病院または〇〇診療所（自宅）で対応し，◇◇病院からの退院は〇〇診療所（自宅）または〇〇院で対応する。 ②　自宅への退院者数を年間100人以上とする。
２．参加法人 　〇〇法人：〇〇病院	

◇◇法人：◇◇病院 ○○法人：○○診療所 ○○法人：特養○○院	(2) キャリアパス・定着率の向上 　　○○病院の看護師・技師は4～5年目は○○診療所で勤務する。人材の5年目定着率を5ポイント上昇させる。
3．理念，運営方針 （理念）○○○○ （運営方針）・○○○○ 　　　　　　・○○○○ 　　　　　　・○○○○ 　　　　　　・○○○○	(3) 医師の再配置・診療内容の重点化 　　具体的には，○○病院は救急医療に，◇◇病院は産科医療に，○○病院は小児医療に重点化を図る。 　　理念は，Ⅰで詳述
4．医療機関相互間の機能の分化および業務の連携に関する事項及びその目標 (1) グループ内病院間の調整を図り，退院支援，退院調整ルールを策定する。 (2) 医師，看護師等のキャリアパスを構築し，人材の定着率の向上を図る。 (3) 医師の再配置を行い，グループ内病院の診療内容の重点化を図る。 (4) 療養病床の機能転換を行い，在宅医療等への転換を進める。具体的には，グループ内の療養病床○床の機能転換を図り訪問看護ステーションを新設する。 ・グループ内病院間の調整を図り，救急患者受入ルールを策定する。	(4) 療養病床の機能転換 　　具体的には，グループ内の療養病床○床の機能転換を図り訪問看護ステーションを新設する。
(5) 医師等の共同研修を実施し，医療の専門性の向上を図る。○○研修（医師），○○研修（看護師），○○研修（事務職）等を開催。	(5) 共同研修 ・職種別共同研修の必要性 ・参加法人間の機能・効率化共同研修 ・地域住民等にむけた共同研修
(6) 医薬品等の共同購入，医療機器の共同利用を行い，経営の効率化を図る。共同購入は，関係者による医薬品の選定会議を開催し，共同購入を10品目以上とする。	(6) 共同購入・共同利用 ・そのほか，効率化，さまざまな技術ノウハウの共有
(7) グループ内で資金融通を行い，資金の効率化的活用を図る。	(7) 資金融通・効率化 ・債務の保証 ・そのほか，医療機関債の発行・支援
5．介護事業その他地域包括ケアの推進に資する事業に関する事項	

- 入院患者の在宅療養生活への円滑な移行を推進する。
- 要介護急変時に対応できるよう，病院と介護施設の連携強化を図る。
- 訪問看護ステーション等への職員の再配置を行い，在宅介護の充実を図る。

（注）　参加法人には，株式会社経営の病院で，職員の福利厚生施設から地域医療に広げたものはプレイヤーとしては非営利であり，一定の制限をつけて，参加法人にふくめることが検討されています。

③　連携推進業務を目的とした定款

その連携推進業務は，連携推進方針を目的とし，それに沿った次の業務などとなります。

　ア　医療従事者の資質向上の研修
　イ　病院等業務に必要な医薬品，医療機器その他の物資の供給
　ウ　資金の貸付けその他の参加法人が病院などに係る業務を行うのに必要な資金を調達の支援として省令で定めるもの

この業務は，省令が出ていない段階であり，今後発刊する書籍で深く吟味することとします。

2　連携推進法人の申請（法第70条の2）

連携推進認定を受ける一般社団法人は，次の4つの内容を具備した連携推進方針を添え，知事に申請することが必要です。

　ア　連携推進区域
　イ　参加法人が連携推進区域（当該都道府県の医療計画構想区域を考慮）において開設する病院等相互間の機能の分担，業務の連携に関する事項
　ウ　前号に掲げる事項の目標に関する事項
　エ　その他省令で定める事項

連携推進方針には，ア～エの各号に掲げる事項のほか，参加病院など，参加

介護施設等相互間の業務の連携に関する事項を記載できます。

　連携推進認定の申請に係る連携推進区域が2以上の都道府県にわたるときは，当該連携推進区域の属する都道府県の知事の協議により，連携推進認定を行うべき都道府県知事を定め，申請をした一般社団法人に対し，連携推進の認定知事が通知します。

Ⅲ 連携推進法人の適合基準

1 連携推進法人の認定基準（法第70条の3）

　知事認定のため次①から⑳の基準に該当する場合、その一般社団法人に連携推進法人の認定を受けることになります。

① 連携推進業務を主たる目的とすること。
② 連携推進業務を行うのに必要な経理的基礎、技術的能力を有すること。
③ 連携推進業務を行うに当たり、当該一般社団法人の社員、理事、監事、職員その他の政令で定める関係者に対し特別の利益を与えないこと。
④ 連携推進業務以外の業務を行う場合には、それ以外の業務を行うことによって連携推進業務の実施に支障をおよぼすおそれがないこと。
⑤ 連携推進方針が前条2項および3項の規定に違反していないこと。
⑥ 連携推進区域を定款で規定していること。
⑦ 社員資格は、省令により定款で規定していること。
⑧ 病院等参加法人が2以上。その他参加法人は、目的に照らし省令の要件充足していること。
⑨ 社員資格の得喪に関し、目的に照らし、不当な差別的取扱い、不当な条件を付さないこと。
⑩ 社員は各一個の議決権。ただし、総会行使の議決権の数、議決権行使事項、議決権行使条件、その他の社員の議決権に関する定款の定めが、次のア・イの条件を充足する場合はこの限りでないとされています。
　　ア　連携推進目的に照らし、不当な差別的取扱いをしないこと。
　　イ　社員が提供した金銭、その他の財産の価額に応じて異なる取扱いをしないこと。

⑪　参加法人の議決権の合計が，総社員の議決権の過半数を保有すること。
⑫　営利法人またはその役員と利害関係があるなど，省令で定める者を社員，役員にしない旨を定款で規定していること。
⑬　役員の条件
　ア　理事3人以上，監事1人以上。
　イ　同族系の役員は，省令で規定する3分の1以下。
　　　理事のうち，少なくとも1人は診療に関する学識経験者団体の代表者，その他省令で定める者。
⑭　代表理事1人。
⑮　理事会を設置していること。
⑯　次の要件を充足した地域医療連携推進評議会（以下「連携推進評議会」という）の設置を定款で規定していること。
　ア　医療・介護を受ける者，診療に関する学識経験者団体，その他の関係団体，学識経験者，その他の関係者で構成すること。
　イ　次（⑰）の意見に必要な意見を述べうる者であること。
　ウ　目標に照らし，連携推進法人の業務の実施状況の評価，必要なときは社員総会・理事会で意見を述べること。
⑰　参加法人は，次の事項などの決定について，あらかじめ，連携推進法人の意見を求めなければならない旨を定款で規定していること。
　ア　予算の決定・変更
　イ　借入金（短期を除く）
　ウ　重要な資産処分
　エ　事業計画決定の変更
　オ　定款（寄附行為）の変更
　カ　合併・分割
　キ　目的事業の不能，省令による解散
⑱　連携推進認定の取消し処分を受け，連携推進目的取得財産残額があるとき，1月以内に省令で定める国等に贈与することを定款で規定してい

と。
⑲　清算も⑱と同じ。
⑳　①から⑲のほか，省令で定める要件に該当すること。

　知事は，認定にあたり医療計画上の地域医療構想との整合性に配慮しつつ，審議会の意見を聴取することとされています。

2 ▍ 非認定の要件（法第70条の4）

連携推進法人に認定されないものは，次の3つの要件となります。
① 理事・監事に次のいずれかが該当すること。
　ア　連携推進法人の認定法人の取消し日前1年以内に業務を行う理事で5年未経過のもの
　イ　この法律などにより，罰金以上の刑，5年以内の者
　ウ　禁錮以上の刑，5年以内の者
　エ　暴力団員，それがなくなって5年以内の者
② 連携推進認定の取消し，5年以内のもの
③ 暴力団員などが事業活動を支配するもの

　連携推進認定を受けた一般社団法人は，その名称中に「地域医療連携推進法人」を用いることになります。

3 ▍ 連携推進法人の非営利性（本書では法規定を列挙）

(1)　一社員一議決権の原則（法第70条の3第1項第10号）

　都道府県知事は，医療連携推進認定の申請をした一般社団法人が次の基準に適合するときは，当該一般社団法人について医療連携推進認定をすることができます（平成29年発刊予定の『地域医療連携推進法人』（仮）で詳述）。
　1～9（略）
　10　社員は，各一個の議決権を有するものであること。ただし，社員総会に

おいて行使できる議決権の数，議決権を行使することができる事項，議決権の行使の条件その他の社員の議決権に関する定款の定めが次のいずれにも該当する場合は，この限りでない。

　ア　社員の議決権に関して，医療連携推進目的に照らし，不当に差別的な取扱いをしないものであること。

　イ　社員の議決権に関して，社員が当該一般社団法人に対して提供した金銭その他の財産の価額に応じて異なる取扱いをしないものであること。

(2) 剰余金の配当禁止（法第54条）

医療法人（地域医療連携推進法人）は，剰余金の配当をしてはならない。

(3) 残余財産の分配禁止（法第70条の3第1項第19号）

都道府県知事は，医療連携推進認定の申請をした一般社団法人が，次に掲げる基準に適合すると認めるときは，当該一般社団法人について医療連携推進認定をすることができる。

　1～18（略）

　19　清算をする場合において残余財産を国等に帰属させる旨を定款で定めているものであること。

（都道府県知事の監督）

(4) 定款の変更に対する都道府県知事の認可（法第70条の18）

法54条の9（1項および2項を除く）の規定は，地域医療連携推進法人の定款の変更について準用する。（以下略）

2　認定都道府県知事は，前項において読み替えて準用する法54条の9第3項の認可（前条6号に掲げる事項その他の厚生労働省令で定める重要な事項に係るものに限る。以下この項において同じ）をし，または認可をしない処分をするに当たっては，あらかじめ，都道府県医療審議会の意見を聴かなければならない。

(5) 代表理事の選定および解職に対する都道府県知事の認可(法第70条の19)

代表理事の選定および解職は,認定都道府県知事の認可を受けなければ,その効力を生じない。

2 認定都道府県知事は,前項の認可をし,または認可をしない処分をするに当たっては,あらかじめ,都道府県医療審議会の意見を聴かなければならない。

(6) 都道府県知事による報告聴取(法第63条)及び勧告(法第64条)

報告聴取(法第63条)

都道府県知事は,医療法人(地域医療連携推進法人)の業務もしくは会計が法令,法令に基づく都道府県知事の処分,定款もしくは寄附行為に違反している疑いがあり,またはその運営が著しく適正を欠く疑いがあると認めるときは,当該医療法人に対し,その業務もしくは会計の状況に関し報告を求め,または当該職員に,その事務所に立ち入り,業務もしくは会計の状況を検査させることができる。

勧告(法第64条)

都道府県知事は,医療法人(地域医療連携推進法人)の業務もしくは会計が法令,法令に基づく都道府県知事の処分,定款もしくは寄附行為に違反し,またはその運営が著しく適正を欠くと認めるときは,当該医療法人に対し,期限を定めて,必要な措置をとるべき旨を命ずることができる。

2 医療法人(地域医療連携推進法人)が前項の命令に従わないときは,都道府県知事は,当該医療法人に対し,期限を定めて業務の全部もしくは一部の停止を命じ,または役員の解任を勧告することができる。

3 都道府県知事は,前項の規定により,業務の停止を命じ,または役員の解任を勧告するに当たっては,あらかじめ,都道府県医療審議会の意見を聴かなければならない。

(7) 地域医療連携推進法人の認定の取消し（法第70条の21）

認定都道府県知事は，地域医療連携推進法人が，次の各号のいずれかに該当する場合においては，その医療連携推進認定を取り消さなければならない。
　① 法70条の4第1号または3号に該当するに至ったとき。
　② 偽りその他不正の手段により医療連携推進認定を受けたとき。
2　認定都道府県知事は，地域医療連携推進法人が，次の各号のいずれかに該当する場合においては，その医療連携推進認定を取り消すことができる。
　① 法70条の3第1項各号に掲げる基準のいずれかに適合しなくなったとき。
　② 地域医療連携推進法人から医療連携推進認定の取消しの申請があったとき。
　③ この法律もしくはこの法律に基づく命令またはこれらに基づく処分に違反したとき。
3　認定都道府県知事は，前2項の規定により医療連携推進認定を取り消すに当たっては，あらかじめ，都道府県医療審議会の意見を聴かなければならない。

Ⅳ 連携推進法人の業務等

1 連携推進法人の基本業務（法第70条の7）

連携推進法人は自立的に経営基盤の強化を図り，地域医療構想の達成，地域包括ケアシステムの構築をすること。
　ア　連携推進区域内で病院など，介護施設事業所を開設
　イ　参加法人の業務連携推進
　ウ　透明性の確保

2 連携推進方針（法第70条の8）

　連携推進法人は，連携推進方針で連携推進区域を記載した場合に限り，その区域内の連携推進業務が可能となるとされています。
　その場合の出資要件は次のとおりとなります。
　①　その事業者が連携推進区域内で連携推進業務と関連する事業を行うこと
　②　その収益を連携推進業務に充てること
　③　省令の要件に該当すること
　連携推進方針については，Ⅱ・1・②で厚生労働省医政局・医療経営支援課がイメージ（例示）として示したものに一部修正を加えたものを明示してあります。
　この例示例は，次回発刊する『地域医療連携推進法人』（仮）でもっと深く，実務的なものを示す所存であります。

V 連携推進評議会

1 組織上の位置付け

　連携推進評議会は，連携推進法人の内部に設置される連携推進業務の評価を行い，かつ参加法人の重要事項決定について，意見を付する「お目付け役」的な機能を果たす監理機関であります。
　その業務の基本は，知事が認可した連携推進方針の遵守状況の評価とチェックなどであり，内部の必置機関ではありますが，専門性を持った独立性の保持が求められています。

2 その業務構成員

(1) 基本業務
　① 評議会は，次の条件を充足し，定款で規定することになります。
　　ア 医療・介護を受ける者，診療に関する学識経験者団体，その他の関係団体，学識経験者，その他の関係者で構成
　　イ ②の意見に必要な意見を述べうる者
　　ウ 目標に照らし，連携推進法人の業務の実施状況の評価，必要なときは社員総会・理事会で意見の具申
　② 参加法人は，次の事項などの決定について，あらかじめ，連携推進法人の意見を求めることとなります（法70条の3の17）。
　　ア 予算の決定・変更
　　イ 借入金（短期を除く）
　　ウ 重要な資産処分
　　エ 事業計画決定の変更

オ　定款（寄付行為）の変更

カ　合併・分割

キ　目的事業の不能，省令による解散

(2) 多様な専門性

　評議会委員は，医療介護や診療に対し学識と専門的能力（経験）を持つ者と，予算・事業計画に対し専門的能力（経験）を持つ者で構成されていることが要求されています。

　この方式は「二者評価」でありますが，「第三者的評価」が求められていると考えるべきでありましょう。制度の創設25年を経過し，厳しい継続研修の義務を付している公益社団法人 日本医業経営コンサルタント協会（JAHMC）の認定・医業経営コンサルタント（法人）が，それに適格であることはいうまでもないと思われます。

(3) 業務の実施状況の評価

　評議会は連携推進法人の「業務の実施の状況について評価を行う」と法的義務を課しています。

　この評価は参加法人の連携推進業務の基盤となる連携推進方針に基づいてなされることになりますが，評価は次の3種によると思われます。

　ア　標準値評価…客観的データを算出し，それと比較

　イ　暦年値評価…前年同期との期間比較

　ウ　第三者比較…独立の第三者機関のデータを活用して比較

　さらに，それを形容詞的な言葉（例．良い，とても良い，きわめて良い，など）で示す定性的評価方法と，数値データで示す定量的評価方法の2種があります。

　現実には，両者の混合形態として評価されるものと思われますが，第三者評価として示した一定の基準を示して，その到達レベルを示す病院機能評価やISO9001（品質評価）や26000（社会的責任評価）も重要な参照となりましょう。

(4) 業務内容

ア 基本業務

連携推進評議会は，一般社団法人である連携推進法人の独立的な内部機関として，その社員総会に連携推進業務（方針に示された）の評価を行うとともに，Ⅴの2の(1)の②に示した業務の遂行に意見を述べることが基本業務であります。

イ 業務の展開

そのことから，その連携推進区域への貢献，地域医療構想に基づく達成度や，参加法人間のアライアンスの協調，質が高く効率的な医療提供についてグループ病院などの特長を生かす業務も含まれるものと思われます。

議論を重ねることになりますが，連携推進評議会の委員は，次の者とされています。

ア 医療・介護を受ける者
イ 診療に関する学識経験者団体に所属する者（推薦者）
ウ その他の関係団体に所属する者（推薦者）
エ 学識経験者
オ その他の関係者

この規定は，不思議なもので，オがあることにより極論すれば，誰でも良いことになりかねません。

業務の実施状況を実際に評価する者も必要であり，先にも示しましたが，医業経営コンサルタントの経歴などを斟酌して積極的に登用すべきです。

Ⅵ 連携推進法人のガバナンス

1 非営利性の確保

連携推進法人は,非営利性の一般社団法人であり,機関として理事会と社員総会が設置され,その組織内に連携推進評議会が設置され,社員総会に意見具申をし連携推進業務の評価を行うことになっています。

さらに,連携推進区域内に連携推進業務と関連する病院など,介護施設事業所も開設できるとしていますが,その収益は,連携推進業務に充てることが条件とされています。

2 そのためのガバナンス (本書では概要を列挙)

① 連携推進法人の社員の議決権は,原則として各一個とされますが,不当に差別的な取扱いをしない等の条件で,定款で定めることができます。
② 連携推進法人の参加法人の事業計画等の重要事項について,意見を聴取し,指導または承認を行うことができます。
③ 連携推進法人の代表理事の選定および解職は,その業務の重要性に鑑み,都道府県知事の認可が要件とされます。
④ 地域医療連携推進評議会の意見を尊重することが,社員総会に求められています。
⑤ 連携推進法人は,営利法人の役職員を社員・役員にしないこととするとともに,剰余金の配当も禁止して,非営利性の確保を図ることとしています。
⑥ 連携推進法人は,外部監査等を実施して透明性の確保を図るため,医療法人会計基準をベースに公益法人会計基準のエッセンスを入れる政省令

(運用指針など) が検討されています。

⑦　連携推進法人は，都道府県知事が，都道府県医療審議会の意見に沿って，法人の認定，重要事項の認可・監督等を行うことになります。

3　資金調達―基金制度

　連携推進法人は，徹底した非営利性のもと大規模な医療法人の「法人本部」の機能・役割を持つと，見ることができます。

　創設に当たり，予算・事業計画を策定することは当然として，運営資金や基本的・固定な固定的な資金が必要となりましょう。前者は，参加法人の会費（分担金）により定款で〔(経費の負担) 第○条　この法人の事業活動に経常的に生じる費用に充てるため，会員になった時および毎年，会員は，社員総会において別に定める額を支払う義務を負う。〕とし，後者は，一般社団財団法の基金制度を採るべきです。

　基金制度は，設立や設立後の活動に必要な資金を調達し，一般社団法人の財政的基盤を安定させるためのものであります。基金制度を設けるか，基金の募集を行うか否かは当該一般社団法人の任意でありますが，募集事項を定めようとするときは，設立時社員は，その全員の同意を得なければなりません（一般社団財団法 132 条 2 項）。

　一般社団法人の定款例の例 1 と例 2 を次に示します。

図表3－11　一般社団法人の定款例

＜例1＞
第○章　基金
第○条　この法人は，基金を引き受ける者を募集することができる。
2　拠出された基金は，基金の拠出者と合意した期日まで返還しない。
3　基金の返還の手続については，返還する基金の総額について定時社員総会の決議を経るものとするほか，基金の返還を行う場所および方法その他の必要な事項を理事会において別に定めるものとする。

<例2>
第○条　この法人は、基金を引き受ける者を募集することができる。
2　拠出された基金は、この法人が解散するまで返還しない。
3　基金の返還の手続については、一般社団法人および一般財団法人に関する法律第236条の規定に従い、基金の返還を行う場所および方法その他の必要な事項を清算人において別に定めるものとする。

　基金は、出資ではないので募集の対象を参加法人に（事実上）限定することが検討され、連携推進法人から参加法人への拠出は参加法人の「倒産」の場合の返還不能も考えられ推移を見守りたいと思います。

　次に医療法人・社団の基金制度を採用した定款例を示します。

図表3－12　医療法人・社団の基金制度を採用した定款例

　別添基金制度を採用する場合は、社団医療法人の定款例（「医療法人制度について」（平成19年3月30日医政発第0330049号厚生労働省医政局長通知別添1））に、次のように「基金」の章を追加すること。

社団医療法人（基金拠出型）の定款例	備　考
第2章　目的及び事業 第3章　基金 第○条　本社団は、その財政的基盤の維持を図るため、基金を引き受ける者の募集をすることができる。 第○条　本社団は、基金の拠出者に対して、本社団と基金の拠出者との間の合意の定めるところに従い返還義務（金銭以外の財産については、拠出時の当該財産の価額に相当する金銭の返還義務）を負う。 第○条　基金の返還は、定時社員総会の決議によって行わなければならない。	・特定医療法人又は社会医療法人は、基金制度を利用することができないため、基金拠出型法人から当該医療法人に移行する場合は、拠出者に基金を返還し、定款から「基金」の章を削除することが必要である。

2　本社団は，ある会計年度に係る貸借対照表上の純資産額が次に掲げる金額の合計額を超える場合においては，当該会計年度の次の会計年度の決算の決定に関する定時社員総会の日の前日までの間に限り，当該超過額を返還の総額の限度として基金の返還をすることができる。 　⑴　基金（代替基金を含む。） 　⑵　資本剰余金 　⑶　資産につき時価を基準として評価を行ったことにより増加した貸借対照表上の純資産額	・取り崩すことができない科目をすべて掲げること。
3　前項の規定に違反して本社団が基金の返還を行った場合には，当該返還を受けた者及び当該返還に関する職務を行った業務執行者は，本社団に対し，連帯して，返還された額を弁済する責任を負う。 4　前項の規定にかかわらず，業務執行者は，その職務を行うについて注意を怠らなかったことを証明したときは，同項の責任を負わない。 5　第3項の業務執行者の責任は，免除することができない。ただし，第2項の超過額を限度として当該責任を免除することについて総社員の同意がある場合は，この限りでない。 6　第2項の規定に違反して基金の返還がされた場合においては，本社団の債権者は，当該返還を受けた者に対し，当該返還の額を本社団に対して返還することを請求することができる。 第○条　基金の返還に係る債権には，利息を付することができない。 第○条　基金の返還をする場合には，返還をする基金に相当する金額を代替基金として計上しなければならない。 2　前項の代替基金は，取り崩すことができない。	
附　　則 1　本社団設立当初の役員は，次のとおりとする。 　（略）	
2　本社団は，第3章の基金に係る規定について，都道府県知事の定款変更の認可を受けることを条件に，本社団の出資者に対して，その出資額を限度とした出資金の払戻しを行う。	・出資額限度法人から移行する場合に限り記載するものとする。

4 定款・諸則の体系

　連携推進法人の定款，それに関連する諸則は，この時点では示されていませんが，次図のように医療法人・社団の非課税基金型定款と，定款で作成が義務化されている3細則は必要でしょう。

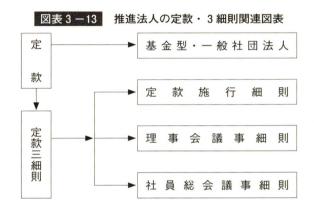

図表3－13　推進法人の定款・3細則関連図表

　このほか，連携推進評議会規程（または細則）は必要で，役員の損害賠償責任に係る細則（規程）は，作成するかどうか議論の余地があると思われます。
　なお，連携推進法人の認定基準の1つに，「連携推進業務を行うのに必要な経理的基礎，技術的能力を有すること」が示されて，連携推進法人固有の統一的会計処理をする経理規程が必要と思われます。

Ⅶ 連携推進法人・制度上のメリット・デメリット（本書では概要を列挙）

1 制度上のメリット

(1) 参加法人の施設などの全てで統一（ロゴ）標章（シンボルマーク）を掲げることにより，地域に圧倒的な存在感を示しうること。

(2) 参加法人（社員）で，医療従事者の資質向上などの研修により，その法人の医療従事者のシナジー効果などによる意識改革が期待でき，定着率の向上なども図れること。

(3) 病院等業務に必要な医薬品・医療機器などの購入により，（本社決裁の可能性などもあり）低価格化が期待できること。

(4) 資金の貸付け（融資），省令で定める資金調達により，従来と異なり，参加法人というクローズされた中での融資（無利息の貸付けも検討中）が期待できること。

(5) 病院等相互間で業務の連携，機能分担により，収入アップとともに業務の効率化が期待できること。

〔例示〕　① 紹介，逆紹介の活性化
　　　　② キャリアプランの策定による一体化
　　　　③ 業務効率化のノウハウ（知価）などの共有によるコスト削減
　　　　④ 医師の派遣は，派遣法で規制されていますが，在籍出向を検討中

(6) 連携推進法人を通じて区域内に病院など，介護施設等を開設や病床の融通や機能分化により，参加法人の戦略マップ上の「弱み」（weak）を解消し，「強み」（strong）を補強できること。

(7) 連携推進法人のメンバーとして統一ロゴを示し，地域住民や職員の採用・定着にアピールできる（その分，その向上のための努力が必要ですが）こと。

2 ▌ 制度上のデメリット

(1) 連携・提携の方針や推進区域を連携推進法人の連携推進方針と定款で定め，知事の認可を受けることにより，参加法人は，地域的・運営方法などで一定の制約を受けること。

(2) 連携推進法人は，組織内に設けた市長，医師会長などの有識者を選定して構成される評議会の意見を尊重しなければならないこと。特に連携・提携について第三者的な評価を受けること。技術的にできる人材は限られ専門コンサルタントの「力」を借りることが予測されること。

(3) 参加法人は，連携推進法人に基金を拠出できるが，反対に連携推進法人から参加法人への基金の拠出は，不可能であるかもしれないこと（今後の検討を要す）。

(4) 参加法人は，次のことで連携推進法人の意見を求めることを定款で規定されており，医療法人としての独自の意思決定がやや制限されること。

　① 予算の決定・変更
　② 長期借入金
　③ 重要な資産の処分
　④ 定款の変更
　⑤ 合併・分割
　⑥ 目的事業の不能・省令による解散

第4章

連携推進法人の認定・創設と課題

　この章は，第3章・連携推進法人制度の概要を受けて，この時点（平成28年9月1日）での情報をもとに，その認定，創りかたと課題を示します。
　連携推進法人は，一般社団財団法57条や84条，91条などを準用して制度化されたものであり，剰余金の分配と清算時残余財産の帰属制限をした非営利型の理事会ならびに監事設置法人であります。
　一般社団法人は，その主たる事務所の所在地において設立の登記をすることによって成立しますが，連携推進法人になるためには，諸要件を整え，さらに知事の認定が必要です。
　この章は，厚生労働省，医政局が示した「地域医療連携推進法人設立までの手続・スケジュール」（図表）を参照して，その地域に有力な3～4医療法人が中心になって連携提携（アライアンス）を組み，シームレスな地域医療提供システムを創りあげていくことを想定，その課題も2区分に分けて示してみます。
　Ⅰ　制度創設の趣旨
　Ⅱ　C・A・P・D（P・D・C・Aでない）サイクル
　Ⅲ　組織化の一般的な手順
　Ⅳ　一般社団法人の認可手続
　Ⅴ　制度・システム上の課題
　Ⅵ　経営・運営，診療報酬上の課題
　先にも述べましたように，平成28年9月1日以前の法令は，その中に組み込むことにしてありますが，それ以降の政省令・通知がふくまれていないことにご注意下さい。
　この2つの大項目に含まれる6項目の課題は，この連携推進法人制度の欠点，難点を拾い出す「負の視点」にたつのみではなく，制度を良くし，地域包括ケアの実質的・基幹グループになっていくことを願うものであることをご理解いただければ幸いです。

I 制度創設の趣旨

1 法律案の提案理由説明

改正法案の提案理由として，次の2つの概要を説明しています。

> 第1に，医療機関の業務の連携を推進するための方針を定め，当該方針に沿って，参加する法人の医療機関の業務の連携を推進することを目的とする一般社団法人を，都道府県知事が地域医療連携推進法人として認定する仕組みを創設することとしています。地域医療連携推進法人には介護事業等を実施する非営利法人も参加することができることとし，介護との連携も図りながら，地域医療構想の達成および地域包括ケアシステムの構築に資する役割を果たすこととしています。
>
> 第2に，医療法人の経営の透明性を高めるため，一定の基準に該当する医療法人の計算書類について，会計基準に従った作成，公認会計士等による外部監査の実施，公告等を義務付けることとしています。また，医療法人の役員がその任務を怠った場合の責任を明確にし，医療法人の適正な運営の確保を推進することとしています。

ここでは第1の連携推進法人をとりあげますが，介護との連携も図り，地域医療構想の達成と地域包括ケアシステムの構築というシームレスなしくみが求められていました。

しかし，現在準備中のものの中には，このような地域医療のシームレスな提供というものは少ないように思われます。

厚生労働省医政局が連携推進法人のイメージ図として示した基本図表，地域の病院ネットワークの法人化，および地域の複数の総合病院のグループ化の3

つの図表を次に示します。

2 そのイメージ図

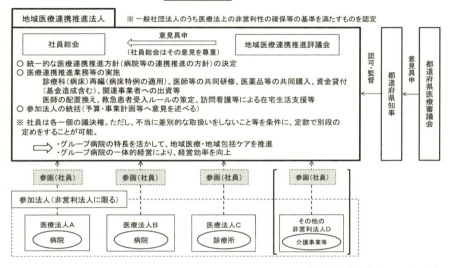

図表4-1 基本図表

（出典：厚労省ホームページ）

図表4－2　地域の病院ネットワークの法人化

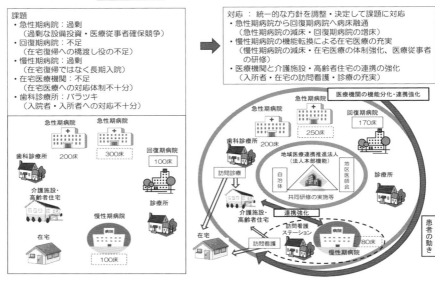

（出典：厚労省ホームページ）

　連携推進法人は，その連携区域で連携推進方針に基づいた地域包括ケアの基幹的な提供主体となっていくべきです。

　病院の病床機能の効率的な再分配は当然必要ですが，それだけでは，地域包括ケアが機能しないのは当然であり，そこにシームレス（途切れのない，質の高い医療介護サービスの継続）な考え方が入れば，地域住民に在宅を中心としたケアサービスが加わっていくのは必然でしょう。

　この基本図表から，次の地域の病院ネットワークの法人化が，それをイメージとして図表化したものと思われます。

第4章 連携推進法人の認定・創設と課題　**183**

図表4－3　地域の複数の総合病院のグループ化

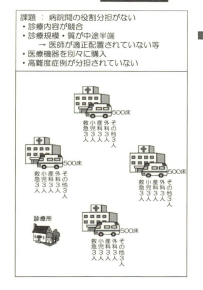
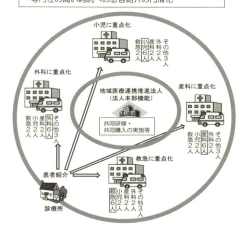

（出典：厚労省ホームページ）

　図表4－2が病床機能の分化，介護，在宅ケアとの連携を含むものに対し，図表4－3が総合病院の高度専門診療機能（実績がある）ごとに重点化し，役割分担を整理・統合していくというシステムであり，いわゆる「岡山大方式」といわれるものと考えられます。

　後者は，地域住民のシームレスな医療介護ニーズに応えるという地域包括ケアの認識は薄いものと思われますが，これも"1つの形態"と説明されています。

　それを端的に示しますのが，現在，連携提携による法人化が検討されているという，次の7つの参考事例です。

3 連携推進法人が検討されている事例

(1) 7つの検討事例

① 参加予定：大学病院，市立病院，独立行政法人立病院等
　内　　容：総合病院同士のグループ化によって，機能分担，業務連携を検討。

② 参加予定：中規模の医療法人等
　内　　容：地域の中堅病院の間で，診療科目の分担，職員の相互交流等の連携を検討。

③ 参加予定：医療法人，社会福祉法人等
　内　　容：総合病院，診療所，介護施設等を中心に，総合的なコールセンターを設置し，連携促進を検討。

④ 参加予定：がん治療を専門とする医療法人
　内　　容：薬剤の共同購入や高額医療機器を使った治療の連携等を検討。

⑤ 参加予定：自治体病院と医療法人
　内　　容：自治体病院の改築にあわせ，地域の病院再編のため，制度の利用を検討。

⑥ 参加予定：中規模の医療法人等
　内　　容：患者の電子カルテの統一を中心として連携を検討。

⑦ 参加予定：中規模の医療法人等
　内　　容：入院中の患者等への給食サービスの共同化を中心として連携を検討。

(2) それぞれの事例検討

　法人名，地域が示されない2行の簡単な事例で，それを検討するのは危険なことで，"的外れ"になることもありえますが，あえてやってみます。
　①は，先に示した文部科学省が医学部附属病院を非営利法人に移管し認める方向にあります，いわゆる岡山大方式。②，③および⑤は，従来どおりのポピュラーなシステム。ただし予算・事業計画に議会の承認が必要な，自治体病院が主体となるようであり，それが機能するか疑問と思われます。

④は，特定の診療内容・がん治療のアライアンス，⑥は，電子カルテの統一を中心としたアライアンス，⑦が総合サービスの共同化のアライアンスであり，地域包括ケアの一側面をとらえたものとみて良いと思われます。

そこには，医療提供側（病院等）のWinと連携する病院等のWinは働き，効率化は図られていくにしろ，患者（地域住民など）からみたWin――つまり「自分よし」，「相手よし」はあり機能しますが，提供側の論理（プロダクトアウト）であり「世間よし」が希薄だと思われます。

このことは創設にあたり，まず策定すべき連携推進方針の形而上の理由，「共通理念の共有化」（第3章Ⅰ）が具現化されていないことによるものと思われます。

このほか，設立の手続・スケジュールが示されていますが，Ⅲ組織化の一般的な手順で説明を加えます。

4　統一的な連携推進方針イメージ

(1) 法制上の要件

連携推進方針は，法70条が規定する連携推進法人の認定を受けるための，次の3つの要件の基本となるものです。

① 次の参加法人（営利法人を除く）と厚労省令（以下「省令」という）で定める者を社員
　ア　連携推進区域で病院等を開設する法人
　イ　連携推進区域で介護事業，その他の地域包括ケアシステムに係る施設，または事業所を開設，または管理する法人
② 連携推進方針（病院等の業務連携）
③ 連携推進業務を目的とした定款
　その連携推進業務は，連携推進方針を目的とし，それに沿った次の業務などとする。
　ア　医療従事者の資質向上の研修
　イ　病院等業務に必要な医薬品，医療機器その他の物資の供給

ウ　資金の貸付けその他の参加法人が病院などに係る業務を行うのに必要な資金を調達の支援として省令で定めるもの

　連携推進認定を受ける一般社団法人は，法70条の2第2項の規定により次の4つの内容を具備した連携推進方針を添え，知事に申請が必要です。
　　ア　連携推進区域
　　イ　参加法人が連携推進区域（当該都道府県の医療計画構想区域を考慮）において開設する病院等相互間の機能の分担，業務の連携に関する事項
　　ウ　前号に掲げる事項の目標に関する事項
　　エ　その他省令で定める事項
　連携推進方針には，ア～エの各号に掲げる事項のほか，参加病院など，参加介護施設等相互間の業務の連携に関する事項を記載できます。
　連携推進認定の申請に係る連携推進区域が2以上の都道府県にわたるときは，当該連携推進区域の属する都道府県の知事の協議により，連携推進認定を行うべき都道府県知事を定め，申請をした一般社団法人に対し，連携推進の認定知事が通知します。
　このような要件を充足して，策定された連携推進方針に反するような定款，業務などがあれば知事による認定は受けられません。

(2)　厚生労働省・医政局・医療経営支援課が示したイメージ（第3章Ⅱ・1も参照）

```
1．地域医療連携推進法人の医療連携推進区域
  〇〇県〇〇市，〇〇市，〇〇町

2．参加法人
・　〇〇法人：〇〇病院
・　◇◇法人：◇◇病院
・　〇〇法人：〇〇診療所
・　〇〇法人：特養〇〇院
```

3．理念，運営方針
(理念) ○○○○
(運営方針)　　・○○○○
　　　　　　　・○○○○
　　　　　　　・○○○○

4．医療機関相互間の機能の分化及び業務の連携に関する事項及びその目標
- グループ内病院間の調整を図り，退院支援，退院調整ルールを策定する。
　具体的には，○○病院からの退院は◇◇病院又は○○診療所（自宅）で対応し，◇◇病院からの退院は○○診療所（自宅）又は○○院で対応する。自宅への退院者数を年間100人以上とする。
- 医師，看護師等のキャリアパスを構築し，人材の定着率の向上を図る。
　具体的には，○○病院の看護師・技師は4～5年目は○○診療所で勤務する。人材の5年目定着率を5ポイント上昇させる。
- 医師の再配置を行い，グループ内病院の診療内容の重点化を図る。
　具体的には，○○病院は救急医療に，◇◇病院は産科医療に，○○小児医療に重点化を図る。
- 療養病床の機能転換を行い，住宅医療等への転換を進める。
　具体的には，グループ内の療養病床○床の機能転換を図り訪問看護ステーションを新設する。
- グループ内病院間の調整を図り，救急患者受入ルールを策定する
　具体的には，月・火は○○病院，水木は◇◇病院，金・土は○○病院，日は◇◇病院とする方向で検討する。
- 医師等の共同研修を実施し，医療の専門性の向上を図る。
　○○研修（医師），○○研修（看護師），○○研修（事務職）等を開催。
- 医薬品等の共同購入，医療機器の共同利用を行い，経営の効率化を図る。共同購入は，関係者による医薬品の選定会議を開催し，共同購入を10品目以上とする。
- グループ内で資金融通を行い，資金の効率的活用を図る。

5．介護事業その他地域包括ケアの推進に資する事業に関する事項
- 入院患者の在宅療養生活への円滑な移行を推進する。
- 要介護者急変時に対応できるよう，病院と介護施設の連携強化を図る。
- 訪問看護ステーション等への職員の再配置を行い，在宅介護の充実を図る。

Ⅱ　C・A・P・Dサイクル

1　実務的な考えかた

(1)　実務は，C・A・P・D

　法制の新設により全く新しい組織・システムを策定する場合，P・D・C・A（計画・実行・評価・改善）サイクルを回していくことにより，業務や組織を改善し，さらにステップアップしていくといわれています。

　まさしく，そのとおりでありますが，回らない例もいくつも示されています。

　それは，このサイクルが理論的・形而上の概念にとどまり，現場・地域などでの与件や制約条件を無視しているからにほかなりません。

　中学校1～2校区を中心とする地域包括ケアの対象となる地域は，人口や高齢化率・医療施設などの数，昼間流入，流出人口など同じものは1つもありません。それを法令が定めたものを制約条件を無視してPlanすることに無理があります。

　連携推進法人の連携区域には，さまざまな地域的課題や参加法人側の課題もあり，それを客観的に分析して，評価（check）することが大事です。そのために，ポイントを列挙して示しますが，Column 9 で示すような，信頼できる医業経営コンサルタント（法人）が必要であり，その支援のもとに「C・A・P・D」サイクルを回す実務計画を策定すべきです。

(2)　C（Check：評価）

- 連携推進区域の課題……人口動態，高齢者動向，医療機関介護施設（特に機能別病床数）をデータとして把握
- 県の地域医療構想と整合

- 創設参加法人が担いうる機能,サービスの実態
- 補完,補充すべき機能・サービスと対象施設
- 創設参加法人の経営上(会計,資金繰り,キャッシュフローなど)・医療上(看護基準の維持,医師不足,看護師不足など)の課題,実態の把握
- 参加法人が負担すべき分担・会費の額,基金拠出の額
- 社員権(議決権)

(3) A(Act:改善)
- 県の主務課との協議
- その意向による課題の修正,見直し
- 地域住民などの意向による課題の修正,見直し
- 他地域連携推進法人(競合グループ)の「良さ」から学び見直し

(4) P(Plan:計画)
　C・Aに基づいた連携推進法人・創設のための計画書(案)を**図表4-4**として191ページに示します。

Column 15　キャッシュフロー計算書と資金繰り表

　キャッシュフロー(CF)計算書は,資金繰り表とは明らかに異なるものであり,収支計画上は両者を活用することが望ましく,CF計算書は,年度末以外にも四半期ごと,半期末ごとに作成することが可能です。

項　目	キャッシュ・フロー計算書	資金繰り表
主な作成目的	・外部公表目的・経営管理目的	・資金の安全性(資金ショート防止のため) ・運転資金管理(経理部)
活用部門	・医療法人	・経理部門中心
強制か任意か	・基本財務諸表として開示対象	・任意(通常は作成している)
資金の範囲	・換金が容易で価格変動なし,短期投資といった要件を満た	・現金・預金

	す現金,預金,MMFなどの有価証券などの現金・現金同等物	
表示方法	・間接法が一般的（利益をスタートとして資金収支ベースに調整を加える方法）	・直接法
表示区分	・業務・投資・財務の3区分	・決められた様式はないが，基本的には左記の区分と同様
作成時期	・決算期末・経営管理目的に使用する場合には適時	・適時（一般には毎月）
作成資料	・実績B／S，P／Lなどから作成・予算等の経営管理目的に利用する場合には予定B／S，P／Lなどから作成	・数カ月先の資金関連の情報より作成（未収入金，買掛金，支払手形，経費支払い予定など）

次ページ**図表4－4**の計画（案）は，一般的な概要を簡略化・マトリックス化したもので，修正しながら用いて下さい。

第4章　連携推進法人の認定・創設と課題

図表4-4　連携推進法人・認定に至る手順

Phase	Step	主な手順	2017年 1月～6月	2017年 7月～12月	2018年 1月～6月	2018年 7月～12月
Ⅰ 協議	1	地域有力病院の話し合い その地域の高度急性期や急性期機能 （以下、省略）	▼			
	2	情報収集⇒定期会合・課題の抽出 データ収集により、その地域の課題の抽出 （以下、省略）	▼			
	3	講師の招聘、勉強会・コンサルタント契約 計画提示の検討 （以下、省略）	▼			
Ⅱ 準備会	1	準備会の結成・予算計画の了承 医薬経営コンサルタントと協議 （以下、省略）		▼		
	2	機能分担などの協議 準備会は各月に設置 （以下、省略）		▼		
	3	理念・方針、組織のフレームづくり 地域医療・責任の協議から理念化 （以下、省略）		▼		
Ⅲ 法人化	1	連携推進法人化するための一般社団法人化 県の主務課との協議 （以下、省略）			▼	
	2	参加法人等の停止条件付の契約 参加法人と一般社団法人との間で停止条件付の契約 （以下、省略）			▼	
	3	要件整備 補充社員の入社 （以下、省略）			▼	
Ⅳ 認定	1	参加法人の定款変更、推進法人の定款認定 県の主務課との協議 （以下、省略）				▼
	2	公表 その地域医療への責任宣言書の確定 （以下、省略）				▼

(5) D (Do：実践)

　行政機関の指導，評議会の評価などを通じて連携推進の「見直しプラン」が策定されており，それを纏めながら，次のように分類すべきです。
　　ア　すぐやれるもの
　　イ　予算は不用だが時間がかかるもの
　　ウ　予算があればすぐできるもの
　　エ　予算も時間もかかるもの
　それぞれの実施施策を改善委員会や理事会レベルで決定し実践していくべきです。
　この決定は，全ての参加法人と協力施設などに衆知されるべきであり，それが連携推進法人の発展の礎になるはずであります。
　さまざまなステークホルダーの要求に応える，たゆまないスパイラルアップによる改善と向上をしていくべきです。

2　ガバナンスの確立

(1) 組織化

　連携推進法人としてのガバナンス，実質的な統治組織は，次の理事会，社員総会と監事ならびに連携推進評議会が加わります。
　一般社団法人の役員は，次のように定款で規定されるはずです。

（役員の設置）
第○条　この法人に，次の役員を置く。
　　(1)　理事　　○○名以上○○名以内
　　(2)　監事　　○○名以内
　2　理事のうち1名（○名）を代表理事とする。
　3　代表理事以外の理事のうち○名を業務執行理事とする。

理事は，社員総会の決議によって〇名から〇名（3名以上）を選任し，理事の互選で理事のうち1名を代表理事とし，それ以外の〇名を業務執行理事とします。

A　理　事
① 理事の職務・権限について
　　理事は，法令およびこの定款で定めるところにより，職務を執行します。
　　代表理事は，法令およびこの定款で定めるところにより，この法人を代表し，その業務を執行し，業務執行理事は，別に定めるところにより，この法人の業務を分担執行します。
　　このほか，一般社団財団法では，理事・理事会について，次のようになります。
② 役員の任期
　　理事の任期は，選任後2年以内に終了する事業年度のうち最終のものに関する定時社員総会の終結の時までとし，任期満了前に退任した理事の補欠として選任された理事の任期は，前任者の任期の満了する時までとなります。
　　増員により選任された理事の任期は，他の在任理事の任期の満了する時までとなり，理事は定数に足りなくなるときは，任期の満了または辞任により退任した後も，新たに選任された者が就任するまで，なお理事としての権利義務を有することになります。
③ 役員の解任
　　理事は，社員総会の決議によって解任することができます。
④ 報酬等
　　理事に対して，その職務執行の対価として，社員総会において別に定める報酬等の支給の基準に従って算定した額を，社員総会の決議を経て，報酬等として支給することができます。

B　理事会

① 構　成

　この法人に理事会を置き，すべての理事をもって構成するとされています。

② 権　限

　理事会は，次の職務を行います。

　　ア　この法人の業務執行の決定

　　イ　理事の職務の執行の監督

　　ウ　代表理事および業務執行理事の選定および解職

③ 招　集

　理事会は，代表理事が招集しますが，代表理事が欠けたときまたは代表理事に事故があるときは，各理事が理事会を招集するとされています。

④ 決　議

　理事会の決議は，決議について特別の利害関係を有する理事を除く理事の過半数が出席し，その過半数をもって行うことが原則です。

　　（注）　理事会設置一般社団法人は，定款で理事会の決議の省略の方法を定めることができます。

　　（例示）

　　　　2　前項の規定にかかわらず，理事が理事会の決議の目的である事項について提案した場合において，当該提案につき理事（当該事項について議決に加わることができるものに限る。）の全員が書面または電磁的記録により同意の意思表示をしたとき（監事が当該提案について異議を述べたときを除く。）は，当該提案を可決する旨の理事会の決議があったものとみなす。

⑤ 議事録

　理事会の議事については，法令で定めるところにより，議事録を作成し，出席した理事および監事は，その議事録に記名押印する，とされています。

　　（注）　定款で，記名押印する者を，当該理事会に出席した代表理事および監事とすることもできます。

　　（例示）

2 出席した代表理事および監事は，前項の議事録に記名押印する，と規定できます。

 主なものを示しましたが，当然のこととして，改正法の理事・理事会規定に近似したものになります。

C 社 員

 一般社団財団法では，この法人の事業に賛同する個人または団体であって，代表理事の承認を受けて，この法人の社員となった者をもって構成する，とされています。

 さらに，社員は，この法人の事業活動に経常的に生じる費用に充てるため，社員になった時および毎月，社員総会において別に定める額を支払う義務を負うこととされています。

 いわゆる会費の支払による一般社団法人の維持がなされていきます。

 このほか一般社団法人の社員，社員総会について主な規定を次に示します。
① 任意退社，除名

 社員は，別に定める退社届を提出することにより，任意にいつでも退社することができますが，社員が次のいずれかに該当するに至ったときは，社員総会の決議によって当該社員を除名することができます。

　　ア　この定款その他の規則に違反したとき
　　イ　この法人の名誉を傷つけ，または目的に反する行為をしたとき
　　ウ　その他除名すべき正当な事由があるとき
② 社員資格の喪失

 前条の場合のほか，社員は，次のいずれかに該当するに至ったときは，その資格を喪失します。

　　ア　支払義務を半年以上履行しなかったとき
　　イ　総社員が同意したとき
　　ウ　当該社員が死亡し，または解散したとき

D　社員総会
① 構成・権限

社員総会は，全ての社員で構成し，次の事項について決議する，とされています。

　ア　社員の除名
　イ　理事および監事の選任または解任
　ウ　理事および監事の報酬等の額
　エ　貸借対照表および損益計算書（正味財産増減計算書）の承認
　オ　定款の変更
　カ　解散および残余財産の処分
　キ　その他社員総会で決議するものとして法令またはこの定款で定められた事項

② 開　催

社員総会は，定時社員総会として毎事業年度終了後◯カ月以内に開催するほか，必要がある場合に開催する，とされています。

③ 招　集

社員総会は，法令に別段の定めがある場合を除き，理事会の決議に基づき代表理事が招集するが，総社員の議決権の10分の1以上の議決権を有する社員は，代表理事に対し，社員総会の目的である事項および招集の理由を示して，社員総会の招集を請求することができる，とされています。

なお，5分の1以下での招集の定めを定款ですることができます。

④ 議　長

社員総会の議長は，当該社員総会において社員の中から選出します。

⑤ 議決権

社員総会における議決権は，社員1名につき1個となっています。

⑥ 決　議

社員総会の決議は，法令またはこの定款に別段の定めがある場合を除き，総社員の議決権の過半数を有する社員が出席し，出席した当該社員の議決権

の過半数をもって行うが，次の決議は，総社員の半数以上であって，総社員の議決権の3分の2以上に当たる多数をもって行うこととされています。

 ア 社員の除名
 イ 監事の解任
 ウ 定款の変更
 エ 解散
 オ その他法令で定められた事項

⑦ **議事録**

社員総会の議事については，法令で定めるところにより，議事録を作成し，その議事録には，議長および出席した理事が記名押印する，とされています。

(注) 社員総会の議事録署名人については，法令上の規定はない。この例のほか，議長および出席した社員のうちから選出された議事録署名人2人が記名押印する，と規定することもできると思われます。

E 監事

① **監事の職務および権限**

監事は，理事の職務の執行を監査し，法令で定めるところにより，監査報告を作成するが，監事はいつでも，理事および使用人に対して事業の報告を求め，この法人の業務および財産の状況の調査をすることができる，とされています。

なお，監事の解任等については，法の監事に関する規定とほぼ同じです。

Ⅲ 組織化の一般的な手順

1 連携推進法人設立までの手続・スケジュール

厚生労働省・医政局医療経営支援課が示した設立までの手続・スケジュール図表は、次のとおりです。

図表4-5　連携推進法人設立までの手続・スケジュール

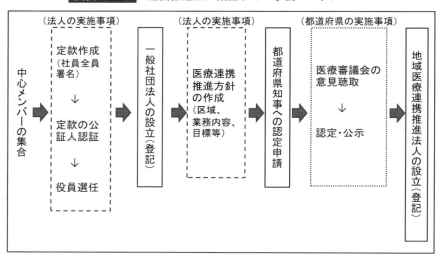

簡単なわかりやすいものですが、連携推進法人の創りかたについてポイントをついていると思われます。

最も重要なことは、中心メンバー（地域有力病院等）の集合協議から、都道府県主務課の指導を受けながら定款を作成し、一般社団法人（非営利型）を設立（登記）し、連携推進法人の要件を満たして知事へ認定申請する主な流れが

示されていることです。
　これをもう少し詳しく，大きなアライアンスになることを想定して実務的に手順として示します。

2　組織化の実務手順（創設時・有力3〜4病院を想定）

Phase I 協議	Step 1	**地域有力病院の話し合い** 　その地域の高度急性期や急性期機能，回復期機能，慢性期機能，在宅ケアのシステムを持つ病医院が，シームレスな共助により，地域包括ケアを充実させる協議をしていくこと。
	Step 2	**情報収集→定期会合・課題の抽出** 　地域医療・介護など，人口動態，患者動向のデータ収集などを収集より，その地域の課題の抽出，定期会合化→事務所の設置
	Step 3	**講師の招聘，勉強会** 　医業経営コンサルタント契約，計画提示の検討，各院の財務データ等により「弱さ」の改善・補充，共通理念の検討，本部機構の承認，県主務課との協議
Phase II 準備会	Step 1	**準備会の結成・予算計画の了承** 　医業経営コンサルタントと協議（以下，同じように係わるものとする）。連携推進法人創設準備会（仮）の創設，事務局を設置，毎月の分担金の支出，準備金予算，計画の策定，仮代表の選任。
	Step 2	**機能分担などの協議** 　準備会は各月に設置，その下部（事務組織）として，各病院派遣の事務部会（仮）の設置，必要とされる機能分担などを具体化。
	Step 3	**理念・方針，組織のフレームづくり** 　地域医療・責任の協議から理念化，連携方針・定款・役員の社員構成，参加法人の補充，社員権の付与の有無検討，県主務課との協議
Phase III 法人化	Step 1	**連携推進法人化するための一般社団法人化** 　県主務課と協議，連携推進法人を創設するための一般社団法人の設立を準備して「非認定」で創設。 　各参加病院法人の理事会・社員総会の承認。 　職員教育の実施。

		Step 2	**参加法人等の停止条件付の契約** 　参加法人と一般社団法人との間で停止条件付の契約（弁護士の意見を聞く）。社員の議決権の決定。社員権の修正・追加。
		Step 3	**要件整備** 　補充社員の入社。共通標章（シンボルマーク：次ページのロゴを参照）の検討，以下共通理念・連携方針・定款の策定，評議会，地域貢献の具現化，県主務課の了承。
Phase Ⅳ	認　定	Step 1	**参加法人の定款変更，推進法人の定款の認定** 　県の主務課との協議，法人事務局の正式設置，参加法人の定款変更，連携推進法人への一般社団法人定款変更，その認定申請。認定。
		Step 2	**公表** 　その地域医療への責任宣言書の確定，記者会見－公表。

　この認定に至る手順は，主な項目をおおむね4段階に分け，それぞれを時系列的に示したもの（一部省略）でありますが，順序が逆になったり重複することもありえます。

　基本は，共通理念を連携方針とともに共有し，新しく定めたシンボルマーク（標章）のもとにシームレスな地域アライアンスにより高い質を維持・展開しながら構築していくことにあります。参加法人は，その社員となる，ならないにかかわらず，Win-Winをその地域に広がる面に拡大，シームレスな地域医療アライアンスによる地域貢献に広げているような法人でグループ化を図るべきであります。

> Column 16

法第70条の11・標章

　法70条の11は「参加法人は，その開設する参加病院等及び参加介護施設等に係る業務について，医療連携推進方針に沿った連携の推進が図られることを示すための標章を当該参加病院等及び参加介護施設等に掲示しなければならない。」と規定しています。この標章に該当するかどうかですが，ハワイ州第2の医療グループ「ハワイ，パシフィック・ヘルス」（公益財団法人）の4病院（Kapi'olani・PaliMomi・Straub・Wilcox）を中心とした共通ロゴを示します。

ここに，それぞれの参加法人の施設等を表記

　「ハートマーク」の鮮やかなピンクのロゴが目を引き，参加医療機関はこのロゴを付すことになっており，それを誇りに思っているようでした。

3　継続発展の条件

　連携推進法人が継続事業体（Going Concern）として発展していくための一般的な条件を次に示します。

(1)　連携推進の機能を最大限，効率よく発揮し参加法人が経営的・医療的に強力になること

　　（例）
　　ア　紹介・逆紹介による紹介率などの向上
　　イ　医薬品，資材などの共同購入により仕入コストの削減
　　ウ　医師・看護師などの勤務体制・派遣の有効化
　　エ　教育・研修の共同化・効率化
　　オ　資金の融通，債務保証による基盤の強化
　　カ　医事・会計システムの段階的共有化によるコスト削減

(2)　共通標章（イメージマーク）を掲げ，共同事業イベントを実施し地域住民（患者家族）と密着すること

　　（例）
　　ア　さまざまな（生活習慣病を中心とした）健康教室
　　イ　食事診断の会
　　ウ　○○高齢健康の会
　　エ　糖尿患者と家族の会など

(3)　共通標章を明示した連携推進法人「○○アライアンス」（仮）を広報誌発行，参加法人や協力施設（機能・サービスの明示）の各部門・部所に置き，ホームページを開設する。

(4)　参加法人がそれぞれの不満などを抑え，弱点を補完し合うこと。

(5) 持分あり医療法人（経過措置医療法人）が，参加法人（社員）となった場合，その法人は，常に出資持分の払戻し請求（相続をふくむ）による資金流出（キャッシュ・アウト）のインテンショナルリスクを内在しています。その解除（持分なし法人移行）を検討していくべきです。

Ⅳ 一般社団法人の認可手続

1 設立手続の手順

　一般社団法人の設立手続は、一般社団財団法に従い、概ね次のような手順で行われます。
① 　2名以上の設立時社員が共同して定款を作成
② 　公証人の定款認証
③ 　設立時社員による設立時理事・設立時監事・設立時会計監査人の選任（定款で定めた場合は不要）
④ 　設立時社員による主たる事務所の所在場所の決定（定款で所在場所まで定めた場合は不要）
⑤ 　設立時代表理事の選定（定款で定めた場合は不要）
⑥ 　基金の募集と拠出（定款に基金の募集についての定めがなければ不要）
⑦ 　設立時理事・設立時監事による設立時の調査
⑧ 　設立登記の申請

2 定款の作成

　定款とは、法人の組織、運営および管理に関する基本的事項を定めた規範であり、一般社団法人の定款は、2名以上の設立時社員が共同して作成し、全員が署名または記名押印しなければなりません。
　ここで設立時社員とは、一般社団法人の社員になろうとする者のことであり、株式会社の発起人に相当し、設立に関する事務はこの設立時社員が行うこととなります。
　なお、定款は、電磁的記録をもって作成することもでき、この場合には、記

名押印に代わる措置として電子署名が必要です。

3　定款の記載事項

　定款の記載事項には，その記載がなければ定款自体が無効とされる絶対的記載事項（一般社団財団法11条1項），一般社団財団法の規定により定款の定めがなければその効力が生じない相対的記載事項，その他の事項で法人法の規定に違反しないものである任意的記載事項があります（一般社団財団法12条）。

(1) 絶対的記載事項
① 目　的
　　一般社団法人の目的とは，その一般社団法人が行うべき事業を指します。
　　目的について登記官が審査するのは，「明確性」（語句の意義が明確であること）と「適法性」（強行法規，公序良俗に反しないこと）についてのみであり，「具体性」の程度（どのような事業を営むのか第三者が判断できる程度）については個々の法人の選択に委ねられています。
　　この段階での目的は，「病院等相互間の患者の紹介」「病院の職員研修の共同開催」などに限られたものになると思われます。
② 名　称
　　一般社団法人は，名称中に「一般社団法人」という文字を用いなければなりません（一般社団財団法5条1項）。名称中には，ローマ字，アラビア数字その他の符号も用いることができます。
　　一般に名称は仮定ですが，一般社団法人「〇〇地区メディカル・アライアンス」のようにしても良いと思われます。
　　それに精通した行政書士等とご相談のうえ進められるべきでしょう。
③ 主たる事務所の所在地
　　定款の記載事項としては，「所在地」すなわち独立の最小行政区画（市区町村，東京都の場合は特別区，政令指定都市では区）までで足ります（一般社団財団法11条1項3号）が，設立の登記の際には，主たる事務所の具体的

な「所在場所」（地番，住居表示区域では住宅表示番号）まで記載することが必要です（一般社団財団法301条2項3号）。

④ 設立時社員の氏名または名称および住所

　一般社団法人の設立に際して，定款に署名または記名押印する者を明らかにするための記載事項であります。設立時の社員は2名以上でなければならない。自然人に限らず，法人もなることができます（一般社団財団法11条1項4号）。民法上の組合，有限責任事業組合が社員になることはできないと解されています。

⑤ 社員の資格の得喪に関する規定

　社員となり得る資格について定め，退社事由の定め（一般社団財団法29条1号），入退社の手続などの定めをしなければなりません。

⑥ 公告方法

　一般社団法人は，公告方法として，㋐官報に掲載する方法，㋑日刊新聞に掲載する方法，㋒電子公告，㋓主たる事務所の公衆の見やすい場所に掲示する方法のいずれかを定めることができます（一般社団財団法331条1項，施行規則88条1項）。

　㋓の具体的な方法としては，「当法人の事務所の掲示板に掲示する方法」などが考えられます。㋒の電子公告を公告方法とする旨を定数で定める場合には，事故その他やむを得ない事由によって電子公告による公告ができない場合の代替の公告方法として，㋐の官報に掲載する方法または㋑の日刊新聞に掲載する方法のいずれかを定めることもできます（一般社団財団法331条2項）。なお，公告方法は，「官報および○○新聞」というように複数の公告方法を重畳的に定めることは可能であります。

⑦ 事業年度

　一般社団法人は事業年度ごとに計算を行うため，事業年度が定款の絶対的記載事項とされています。事業年度が1年を超えることはできません。

(2) 相対的記載事項

　一般社団財団法は定款自治を広く認めていますので，相対的記載事項は多岐にわたりますが，社員数の多少など法人の実情に応じて，どのような機関設計を行うかが特に重要となります。

　本書は，一般社団法人の登記等の技術的手続を示したものではありませんので，代表的なものを以下に列挙します。

① 機関設計……社員総会・理事会設置・監事となるはずです。
② 設立時役員等の選任の場合における議決権の個数に関する別段の定め
③ 経費の負担に関する定め
④ 任意退社に関する別段の定め
⑤ 社員の退社の事由
⑥ 社員総会の招集通知期間に関する定め。社員総会の招集通知は，原則として社員総会の日の1週間前までに発しなければなりません。
⑦ 議決権の数に関する別段の定め。社員は，各1個の議決権を有します。しかし，定款で別段の定めをすることができます（この件は，次回発刊する書籍で詳述）。
⑧ 社員総会の定足数，決議要件に関する別段の定め
⑨ 代表・理事の互選の定め
⑩ 代表・理事の理事会への職務執行の報告の時期・回数の定め
⑪ 理事会の定足数などの定め
⑫ 理事会議事録の署名・押印する者の定め
⑬ 理事会決議の省略の定め
⑭ 理事等の損害賠償責任の免除の定め
⑮ 基金引受者の募集の定め

(3) 任意的記載事項

　定款には，一般社団財団法の規定に違反しない事項を任意に記載することができます。任意的記載事項は，定款によらず社員総会の決議や下位の規則など

で定めることもできますが，一旦定数で定めた以上，変更するには定款変更の手続を要することとなるので注意が必要です。

　一般社団法人の主な任意的記載事項には，次のようなものがあります。
① 社員総会の招集時期
② 社員総会の議長
③ 役員等の員数
④ 理事，監事の報酬
⑤ 清算人
⑥ 残余財産の帰属

Ⅴ 制度・システム上の課題

1 非営利性

(1) 医療法人の非営利性

(A) 従来の考え方

　法54条は、「医療法人は、剰余金の配当をしてはならない」と定めており、一般に、この規定が医療法人の非営利性の法的根拠とされています。

　少し古い話（7年余前）ですが、医療法第5次改正の前提となった厚生労働省「これからの医業経営の在り方検討会」等で、次のような指摘が株式会社による医業経営の容認論者（いわゆる市場経済主義など）からなされています。

図表4-6　持分あり医療法人の営利性

（指摘1）	医療法人の98％を占める社団（持分あり）法人は、任意退社による剰余金の分配および解散時の残余財産の分配を出資者（社員等）が受け取ることが可能で、出資を超える金額は配当であり、非営利性が担保されず株式会社と同じである。
（指摘2）	高額の報酬や賃貸料等は事実上の配当と思われる。　　　　　　等

　そこで、社団（持分あり）医療法人は、経過措置型として「当分の間」存続することとなり、新設される医療法人は全て持分なし法人とされ、後者に対応するため内部統制の強化、特に監事監査の強化がなされ罰則の強化がなされました。

　第5次改正では、医療法人に「5つのキーワード」つまり「非営利性」、「公益性」、「透明性」のほかに「効率性」と経営の「安定性」を示しており、

医療法人自体の経営努力（自助）は当然として，株式会社による医療法人経営を否定しつつ，次のようなその資金力等の活用を認めています。

① 基金拠出型医療法人の基金拠出者に株式会社からの拠出を認めたこと
　　医療法は，基金拠出型医療法人を新設。その基金を劣後債務で，純資産の部に記載するとともに金利を付することを禁止する等の基金拠出型医療法人の制度化をしました。そこでの基金拠出者は"個人または法人"とされ，株式会社の拠出を禁じていません。MS法人を含め営利を目的とする株式会社が，役員の責任を問われないかどうかの課題が残りますが，基金拠出型医療法人は，非営利性を徹底した法人で企業の社会貢献にかなう支出（拠出）とされています。

② 医療法人の社員に「自然人」に限らないとしたこと
　　医療法人の役員（理事・監事）および評議員は，指導要綱で「自然人」とされましたが，社員にはその規定はありません。非営利法人であれば（基金拠出型や社会福祉法人など）法人として社員になれると説明されています。
　　株式会社は，営利法人ですから社員にはなれませんが，基金拠出型で基金の拠出者となりうることは，前述（①）しましたが，その代表者名で社員になることは可能です。
　　社員として社会福祉法人，学校法人などが入社している事例があります。

③ 医療法人の所有する不動産に条件付ながら「全て賃借」を認めたこと
　　医療法人の不動産（土地・建物等）は，従来「大部分を所有していれば一部の賃借を認める」こととされていましたが，医政局長通知「医療法人の資産要件について」で，自己資本比率（20%・30%）の廃止とともに「施設・設備または資金の保有」していれば，全て賃借することも認められ，株式会社（MS法人を含む）の資金力が生かされるはずです。

ただし，非営利性の堅持のため不動産の賃貸借には次の事項の遵守が必要です。
　ア　賃貸借は，契約書により長期間（従来は10年以上）であること
　イ　第三者から賃貸借する場合，当該不動産に賃貸借登記をすることが望ましいが，所有権者に対抗措置を具備した場合（実際に契約に従い使用すること）には，賃貸借登記がなくとも認められること
　ウ　近隣の不動産賃借料に比して，不当に高額でないこと
　エ　医業収入に比例する賃借料は認められないこと
　　これらを条件に具備すれば，株式会社のMS法人やSPCを活用することも法制上は可能となります。

④　社会医療法人に公募債（社会医療法人債）の発行を認めたこと
　医療法上に新しく創設された，公益性の高い医療法人である社会医療法人に，公募債である社会医療法人債の発行による資金調達が認められました。

(B)　今回の参加法人の非営利性
　連携推進法人の参加法人は，株式会社と個人を除く医療・介護施設を経営する法人とされ，出資持分のある経過措置医療法人の参加も可能となっています。
　これは，「非営利の医療提供」を行っていることに着目し，出資持分の払戻益や清算時の分配金（配当所得）に「目をつぶった」としか思われません。
　さらに，医療法人の社員構成について，厚生労働省・医政局は次のような事務連絡を出し，事実上の同族経営を非課税移行の基金拠出型医療法人で容認しています。

【2014.1.23　持分の定めのない医療法人移行に係る質疑応答集】

> Q4．相続税法施行令第33条第3項1号において，いわゆる「同族要件」として，「役員等のうち親族等が占める割合が3分の1以下である」旨規定されているが，ここにいう「役員等」に医療法人の社員は含まれるのか。
>
> A4．含まれない。
>
> （理由）
> 役員等は，「理事，監事，評議員その他これらの者に準ずるもの」と規定されている（相続税法施行令第32条）。
> 医療法人の場合にあっては，業務執行機関を指し，基本的意思決定機関の構成員たる「社員」は役員等に含まれない。

　この結果，厳格な非同族性（3分の1以下）を保つ執行機関（理事会）の上の最高意思決定機関の社員総会が同族関係者で占められる——つまり，極端なことだが同族関係者の意に沿わない理事は解任できることになります。

　さらに，株式会社経営の病院のうち，社員の福利厚生施設として病院をつくり，それを地域住民の利便のために拡充した法人も，一定の条件を付けて参加法人とすることが検討されています。
　この本が出版されたころには，明らかにされているはずであり，注目したいと思っています。

2　日赤・済生会などの病院

　この執筆時点では，日本赤十字社経営の病院（病院数92施設・36,460床），思賜財団社会福祉法人　済生会（病院数79施設・21,928床：いずれも平成27年10月末日現在）は，いずれも連携推進法人には「本部が参加」と聞いています。
　言葉どおりであれば，地域医療を軽視しているようにも思われ，疑問が残ります。それぞれの病院が地方自治体病院のように「ゆるやかな参加」であれば

理解できるのですが…。

　本部機構で，一定の基準を定め，それに合わせて各地域の病院が「ゆるやかな参加」ができればベターと考えています。

　さらに国立大学法人系の病院については，国立大学法人岡山大学方式（岡山21世紀型地域ネットワーク）による医学部附属病院を非営利の公益法人化して，アライアンスに参加する文部科学省案に賛成であり，推進を望むとともに，私立大学医学部付属病院にも広げていくべきでしょう。

3　医療法人・持分あり法人の課題

(1)　その実態と現況

　医療法人の総数の51,958法人のうち，平成19年の第5次医療法改正で附則第10条第2項で「当分の間存続する」とされた経過措置（型）の出資持分あり医療法人が40,601法人（78.1％，当初（平成20年3月）は43,638法人：96.8％）があります。

　8年間で3,037法人（7.0％）減少がなされ，持分なしへの移行，病床を返上して診療所化，廃業（清算・解散）などが推定されます。

　この出資持分あり法人は，当初は出資社員の中途退社による時価換算した払戻額があり，解散時の残余財産の分配もあり，いずれも「配当」あり，株式会社と何ら変わりのない営利法人であるとみなされていました。

　今回の第7次改正で，前回改正時の法理論に基づく解釈を変更し，非営利の医療を行う医療法人が非営利法人であるとしていて，理事会の非同族化は求めるものの，社員となる社員は「同族」でも可という，事務連絡によるQ＆Aを示しています（前掲）。ただし社員の数に言及していず，理事と同数以上の社員が必要と思われます。

　出資持分あり医療法人は，これにより連携推進法人への参加法人となることができますが，相続税（贈与税）強（重）化により，次のような2つの経営リスクを内在していくことになります。

(2) 出資社員相続人による払戻請求の課題

第5次改正から7年経過，出資社員の方々は，その年数だけ高齢化が進み，剰余金も（一般的には）拡充しているはずです。

主要な出資社員の死亡による実態的な財産権のない「出資持分」の相続税負担，それに耐えられない相続人の払戻請求権の行使の危機は高まっているはずです。

この場合の相続人の対応は次の3つになります。

ア　他の現預金で相続税を支払う —— 相当以上の大金持ちなら可能
イ　MS法人に出資持分を売却して支払う —— 譲渡所得，営利法人の被支配
ウ　その法人に払戻請求をかける —— 配当所得，その法人の資金難

著者の長年の経験からいえば，アはありえず…ウかイになるはずです。

ここで，厚生労働省が平成26年10月1日から施行した認定医療法人制度に救済はありません。

この制度は，課税を免除するものではなく，課税期間を延長するものであり，ここでは救済になりません。

出資持分あり法人は，先にも触れましたが，出資社員の推測不能な死亡によるマネジメントクライシス（経営危機）を内在していることにより，連携推進法人への参加に疑義が出ることを承知しておくべきです。

(3) 非課税・基金型移行の課題

前述（(2)）で示しましたマネジメントクライシスを避けるために出資持分を放棄して社会医療法人，特定医療法人に移行が当然に考えられ「認定」または「承認」が得られれば，当該医療法人に「みなし贈与税」が課されることはありませんし，放棄した出資者に課税されることもありません。しかし，その基準が高く厳格であることは承知のことと思われます。

そこで選択されるのが，基金拠出型に非課税で移行することであり，その基準を次に示します。

〔非課税移行の3基準〕
　次のA・BおよびCの基準を充足することが条件です。
　　A　共通4基準（令第33条第3項第1号〜4号）
　　　(1)　その定款等で所要の規定（同族制限3分の1以下）を定めていること
　　　(2)　役員等・関係者に特別の利益を供与していないこと
　　　(3)　定款等で残余財産の帰属が国等の定めがあること
　　　(4)　法令違反，公益に反する事実がないこと

　　B　適正な組織運営の基準（令第33条第3項第1号）
　　　(1)　定款に記載
　　　(2)　それを遵守して運用
　　　(3)　規模の基準（Cの個別基準）

　　C　個別基準

　これは，「出資持分の放棄により「贈与税の負担が不当に減少する結果となる」（相法第66条4項）と認められないものとする（相法施行令33条3項）基準についての解釈（相続個別通達　贈与税の非課税財産および持分の定めのない法人に対して，財産の贈与等があった場合の取扱いについて，次ページの第2〈資料2〉）で示されています。

「贈与税の非課税財産（公益を目的とする事業の用に供する財産に関する部分）及び持分の定めのない法人に対する贈与税の取扱いについて（相続税法・個別通達）
第2　持分の定めのない法人に対する贈与税の取扱いについて〈資料2〉」で次のように示されています。

B〔適正な組織運営の基準 等〕

組織運営基準	
	(1) 定款において,次に掲げる事項が定められていること。 ① 理事6人以上,監事2人以上 ② 理事・監事の選任は,社員総会で社員の選挙により選出 ③ 理事会の議事は,⑤に該当する場合を除き,原則として,理事会において理事総数(理事現在数)の過半数の議決 ④ 社員総会の議事は,法令に別段の定めがある場合を除き,社員総数の過半数が出席し,その出席社員の過半数の議決 ⑤ 次のアからキの決定は,社員総会の議決を必要,ただしオおよびカ以外の事項については,あらかじめ理事会における理事総数(理事現在数)の3分の2以上の議決 　ア 収支予算(事業計画を含む) イ 収支決算(事業報告を含む) 　ウ 基本財産の処分 エ 借入金(短期借入金を除く),新たな義務の負担および権利の放棄 オ 定款の変更 カ 解散・合併 キ 当該法人の主たる目的とする事業以外の事業に関する重要な事項 ⑥ (評議員であり,削除,特定は特定の基準で必要) ⑦ ③から⑥までの議事の表決には,あらかじめ通知された事項で書面をもって意思を表示者は,出席者とみなすことができ,他の者を代理人として表決を委任することはできない ⑧ 役員等には,その地位にあることのみに基づき給与等を支給しない ⑨ 監事には,理事(その親族その他特殊の関係がある者を含む)およびその法人の職員が含まれてはならない。また,監事は,相互に非同族等
	(2) 贈与等を受けた法人の事業の運営及び役員等の選任等が,法令及び定款,寄附行為又は規則に基づき適正に行われていること。 　(注) 他の一の法人(当該他の一の法人と法人税法施行令(昭和40年政令第97号)第4条第2号((同族関係者の範囲))に定める特殊の関係がある法人を含む。)又は団体の役員及び職員の数が当該法人のそれぞれの役員等のうちに占める割合が3分の1を超えている場合には,当該法人の役員等の選任は,適正に行われていないものとして取り扱う。
	(3) 贈与等を受けた法人が行う事業が,原則として,その事業の内容に応じ,その事業を行う地域又は分野において社会的存在として認識される程度の規模を有していること。この場合において,例えば,次のイからヌ(医療法人はヌのみ)までに掲げる事業がその法人の主たる目的として営まれているときは,当該事業は,社会的存在として認識される程度の規模を有しているものとして取り扱う。 　(社会的存在としての規模) 　ヌ 医療法(昭和23年法律第205号)第1条の2第2項に規定する医療提供施設を設置運営する事業を営む法人で,その事業が次の(イ)及び(ロ)の要件又は(ハ)の要件を満たすもの 　　(イ) 医療法施行規則(昭和23年厚生省令第50号)第30条の35の2第1項

第4章 連携推進法人の認定・創設と課題

>   第1号ホ及び第2号（（社会医療法人の認定要件））に定める要件（この場合において，同号イ（助産に係る1分娩50万円以下の収入金額等を含む）の判定に当たっては，介護保険法（平成9年法律第123号）の規定に基づく保険給付に係る収入金額を社会保険診療に係る収入に含めて差し支えないものとして取り扱う。）
> ㈡　その開設する医療提供施設のうち1以上のものが，その所在地の都道府県が定める医療法第30条の4第1項に規定する医療計画において同条第2項第2号に規定する医療連携体制に係る医療提供施設として記載及び公示されていること。
> ㈢　その法人が租税特別措置法施行令第39条の25第1項第1号（（法人税率の特例の適用を受ける医療法人の要件等））に規定する厚生労働大臣が財務大臣と協議して定める基準を満たすもの

(注)　――（アンダーライン）は，筆者。
(出典：相続個別通達第2)

個別基準は前述(3)の一部ですが，図表化すると次のようになり，非課税移行の基金拠出型は，いずれか（両方でも可）選択して実行することになります。

図表4-7　非課税要件の個別基準

C　個別基準

	現行基準 (前ページ・(3)ヌの(ハ)・特定医療法人)	新基準を追加 (前ページ・(3)ヌの(イ)と(ロ)・社会医療法人)
個別基準	(A)社会保険診療等に係る収入金額が全収入金額の80％超	(A)社会保険診療等に係る収入金額が全収入金額の80％超 社会保険診療等に介護保険及び助産に係る1分娩50万円以下の収入金額を追加
	(B)自費患者に対する請求方法が社会保険診療と同一	(B)自費患者に対する請求方法が社会保険診療と同一
	(C)医業収入が医業費用の150％以内	(C)医業収入が医業費用の150％以内
	(D)役職員に対する報酬等が3,600万円以下	(D)役員及び評議員に対する報酬等の支給基準を明示
	(E)40床以上又は救急告示病院（病院の場合） 15床以上及び救急告示診療所（診療所の場合）	(E)病院又は診療所の名称が5疾病5事業に係る医療連携体制を担うものとして医療計画に記載
	(F)差額ベッドが全病床数の30％以下	(F)　（なし）

(出典：相続個別通達第2)

ここに示したA・BおよびCの3基準を充足し，継続適用していかない限り，その医療法人を個人とみなした「みなし贈与税」の課税がなされる（法人税法上は益金の額に算入しないことにより課税なし：法人税法施行令136条の3）ことになり，第3のリスクともいわれるインテンショナルリスクとなりましょう。

インテンショナルリスクとは，医療法人の業務・行動のなかで，ある行動をする，またはしないことにより意図的に犯してしまうリスクをいいます。持分あり医療法人の出資持分を保持し続けることは，まさに出資持分の時価評価による多額資金のキャッシュアウトの危機を内在していることになります。

厚生労働省医政局が平成26年10月から「認定医療法人制度」を3年限定で実施したのも，その危機感の表れとみています。そのような医療法人は「医療法人の計算に関する事項について」（平成28年4月20日・医政発0420第7号）の次ページに示す諸（書）表は「実態をしめさない虚しいもの」になりかねません。

図表4－8　作成及び公告が必要な書類について

	法第51条第2項に該当する医療法人・社会医療法人	左記以外の社会医療法人	左記以外の医療法人
貸借対照表	作成及び公告義務（注1）	作成及び公告義務（注3）	作成義務（注3）※法改正前と同じ
損益計算書	作成及び公告義務（注1）	作成及び公告義務（注3）	作成義務（注3）※法改正前と同じ
財産目録	作成義務（注2）	作成義務（注3）	作成義務（注3）※法改正前と同じ
附属明細表	作成義務（注2）	任意	任意
純資産変動計算書	作成義務（注2）	任意	任意

関係事業者との取引に関する報告書	規則に定める基準に該当する場合は作成（注3）	規則に定める基準に該当する場合は作成（注3）	規則に定める基準に該当する場合は作成（注3）

(注1) 医療法人会計基準（平成28年厚生労働省令第95号）で定める貸借対照表及び損益計算書の作成及び公告には注記も含むこと。

(注2) 医療法人会計基準適用上の留意事項並びに財産目録、純資産変動計算書及び附属明細表の作成方法に関する運用指針（平成28年4月20日医政発0420第5号）で定める様式を使用すること。

(注3) 医療法人における事業報告書等の様式について（平成19年3月30日医政指発第0330003号）で定める様式を使用すること。

(注4) （注1）（注2）に関わらず、社会医療法人債発行法人については、社会医療法人債を発行する社会医療法人の財務諸表の用語、様式及び作成方法に関する規則（平成19年厚生労働省令第38号）で定める様式を使用すること。

（出典：H28.4.20医政局通知0420第5号）

4　株式会社による医療法人の支配（経営）

(1) その現状

　わが国の医療制度は，国民皆保険制度を基盤とした非営利制度が基盤になっていますが，Ⅴの3で示しました出資持分あり医療法人と，会社経営の医療提供施設（以下ここで，病院）が存在しています。

　前者については，先に示しましたが，後者は，会社経営の施設数は，20減少の49施設，病床数は，2,929床減少の11,078床となっていること。会社経営の病院は平均で146床の減少となり，連携推進法人の参加法人となりえないこと，さらに地域医療支援病院の対象からはずされていることにより，この傾向は続くと思われます。

　会社経営の病院は，主として病医院の開設が少なかったころに大企業の社員を対象とした福利厚生施設の1つとして開設されたものといわれています。

　行政官署は，医療法人化を勧奨していますが，「持分なし法人」化する場合の税制，多額の寄附金が株主の了承をえにくいこと，取締役の忠実義務違反になりかねないことなどのハードルが高いことが移行を難しくしているといわれ

ています。

それに現在まで会社経営で存続してきた病院は、一般的に利益を快適な施設整備や職員への分配を高くしたりして地域住民に支持されるような患者満足度が高く、かつ職員満足度も高い施設が多いといわれています。

問題は、医療に関連する業種、例えばセキュリティ業、リース業、機器販売業、薬局業などの株式会社が、秘かに病院を支配し、利益を吸い上げるシステム（Column13参照）が現に存在することです。

(2) その課題

特定医療法人の承認や社会医療法人の認定を受ける場合、理事長等の親族が経営する特殊関係のある株式会社（一般にメディカルサービス：MS法人）との取引は厳しくチェックされます。

医療法人は決算期末後、3カ月以内に事業報告書を知事に提出することが義務化されました（平成29年4月2日以降に開始する会計年度より）。

ア　対象　　医療法人の役員・近親者か役員・近親者が支配している法人等

イ　取引額　・取引額−総事業費の10％かつ1千万円超
　　　　　　・土地の売買や借入金−総資産の1％かつ1千万円超　等

このようなMS法人を通じた役員等への特別の利益供与は、税務調査でも厳しくチェックされますので、問題のある取引は少なくなっていると思われます。

問題は「役員・近親者が支配していない法人」で、さまざまな取引（例：物品の売買、サービスの提供、土地の賃貸借など）や、資金の融資・債務保証などを通じて役員等を送り込み、病院が実質的に会社の支配下に置かれているケースです。

V・3で示しました持分あり法人の相続対策の失敗により、個人の名義人が（仮名）出資者・社員になり、病院を実質支配しているケースもあり、その会社の配当原資となり迂回して配当がなされているケースもあります。

正直に言って，打つ手はありません。

しかし，地域の医療提供施設の経営者，管理者，職員などは，そのケース，実態を知っていると思われます。連携推進法人の参加法人となる場合，非営利性を理由に参加を拒否すべきであり，行政官署もそのような指導力を発揮すべきでしょう。制度の盲点をついて，「資金力とパワー」による営利法人の現状を許せば，連携推進法人自体が形骸化し地域住民の支持を得られなくなると思います。

Column 17

医療法人の資産管理・外部投資

医療法人運営管理指導要綱には，Ⅲ・2（資産管理）で次のように規定化し，医療法人の外部への投資を規制しています。

1　基本財産と運用財産とは明確に区分管理されていること。
2　法人の所有する不動産及び運営基金等重要な資産は基本財産として定款又は寄附行為に記載することが望ましいこと。
3　不動産の所有権又は賃借権については登記がなされていること。
　　（平成19年3月30日医政発第0330049号医政局長通知）
4　基本財産の処分又は担保の提供については定款又は寄附行為に定められた手続きを経て，適正になされていること。
　（所定の手続きを経ずに，処分又は担保に供している基本財産がないことが登記簿謄本により確認されること。）
5　医療事業の経営上必要な運用財産は，適正に管理され，処分がみだりに行われていないこと。
6　<u>そのため</u>，現金は，銀行，信託会社に預け入れ若しくは信託し，又は国公債若しくは確実な有価証券に換え保管するものとすること。
　　（<u>売買利益の獲得を目的とした株式保有は適当でないこと。</u>）（モデル定款・寄附行為）
7　土地，建物等を賃貸借している場合は適正な契約がなされていること。
　　（平成19年3月30日医政発第0330049号医政局長通知）（賃貸借契約期間は医業経営の継続性の観点から，長期間であることが望ましいこと。また，契

約期間の更新が円滑にできるよう契約又は確認されていることが望ましいこと。賃借料は近隣の土地，建物等の賃借料と比較して著しく高額でないこと。）
8 　現在，使用していない土地・建物等については，長期的な観点から医療法人の業務の用に使用する可能性のない資産は，例えば売却するなど，適正に管理又は整理することを原則とする。
　その上で，長期的な観点から医療法人の業務の用に使用する可能性のある資産，又は土地の区画若しくは建物の構造上処分することが困難な資産については，その限りにおいて，遊休資産の管理手段として事業として行われていないと判断される程度において賃貸しても差し支えないこと。ただし，当該賃貸が医療法人の社会的信用を傷つけるおそれがないこと，また，当該賃貸を行うことにより，当該医療法人が開設する病院等の業務の円滑な遂行を妨げるおそれがないこと。
　（長期的な観点から医療法人の業務の用に使用する可能性のある資産とは，例えば，病院等の建て替え用地であることなどが考えられること。）（土地を賃貸する場合に，賃貸契約が終了した際は，原則，更地で返却されることを前提とすること。）（新たな資産の取得は医療法人の業務の用に使用することを目的としたものであり，遊休資産としてこれを賃貸することは認められないこと。）（事業として行われていないと判断される程度とは，賃貸による収入の状況や貸付資産の管理の状況などを勘案して判断するものであること。）（遊休資産の賃貸による収入は損益計算書においては，事業外収益として計上するものであること。）

　　（注）　① （　　）書は，備考として示されたものです。
　　　　　　② ＿＿＿（アンダーライン）は，改正により追加されたもの。

Ⅵ 経営・運営，診療報酬上の課題

1 参加医療法人の法令遵守と監事監査

(1) 社会医療法人の実態

　筆者が代表取締役を務める㈱グロスネット（JAHMC・認定医業経営コンサルタント法人　第001号）は，社会医療法人制度の創設以来，各年次ごとに全ての社会医療法人の事業報告書を収集・分析を加え公表，少し収集・分析が遅れていますが，直近のものは次のとおりであります。

平成27年4月1日

162社会医療法人の事業報告書等の調査分析・結果

1．実施　　第4期・平成23年度（平成23年4月1日〜平成24年3月31日）認定の42都道府県法人及び広域医療法人2法人，合計162社会医療法人（病院161法人，診療所1法人）
2．対象　　平成23年度・会計期の162医療法人（みなし会計年度分を合算）事業報告書，財産目録，損益計算書，貸借対照表，監査報告書
3．内容　　(A) 法令遵守の内容（コンプライアンス）の把握
　　　　　　(B) 安全性，収益性などの財務分析
4．結果　　(A) 法令遵守の分析結果について
　ポイント
　　・社会医療法人の法令遵守率は18.5％，162法人のうち正しいのは30法人で，132法人（81.5％）は法令違反等があった。ただし，162法人のなかでも160法人は記載ミスがあった。
　　・社会医療法人で資本金のある法人が20法人，継続・債務超過法人が4法人あった。
　　・社会医療法人の監事監査は全て無限定適法（正）

- 監査報告書のみ未提出の法人，2法人
(B) 財務分析の結果について
- 社会医療法人の医業収入の平均は7,465,794千円，税引前当期利益の平均は293,738千円，税額の平均は2,153千円（前期収入7,262,420）
- 経営成績のパターンは，「増収・減益型」（前期「増収・増益型」）
- 社会医療法人の，収入成長率：2.8％（前期6.4％）
- 社会医療法人の，病床数による利益の増減はマチマチ
- 社会医療法人の，附帯業務：赤字で・平均―18,254千円（前期―22,061千円）
- 社会医療法人の，赤字病院15法人（13.3％）（前期赤字病院9法人（8.0％））
- 社会医療法人・一般病院，混合病院の収益性は改善，精神科病院は小幅な改善。
(注) 162社会医療法人のうち，財務分析ができたのは155法人で，6法人は財務データ不備で分析不能，1法人は診療所。さらに，前期比較ができたのは113法人であった。

2　この結果からわかること

(1)　結果のポイント

　事業報告書等の記載内容から，法令遵守（コンプライアンス）の把握や限られた財務データから安全性，収益性などの財務分析の結果は，その表示のとおりでありますが，ポイントを抜き出してみます。

① 財務分析ができないくらいの財務データ不備の病院が，6法人もあること――これは連携推進法人・参加資格の1つである「財務上の技術的能力」がないと推定。

② 医業収入の平均（診療所を除く161法人）は，74億円余であり，全ての法人が大規模法人となり，公認会計士等の外部監査の対象法人になること――しかるに法令遵守率は18.5％，記載ミスが160法人。

③ 法令遵守率は，18.5％（30法人）で，前期に比してやや改善されたが法

令を遵守しているとは言い難いこと－ここに示さなかったが，ほとんどは社員総会を年2回開催していない。
④　貸借対照表に資本金のある法人が20法人あること。
⑤　以上のようなことがあるにもかかわらず，監事の監査報告書は，全て無限定適法（2法人は，個人情報であり提出しないとのこと）－監事監査のあり方と外部監査導入でこれらが顕在化が必至。

(2) その本質的基盤

公益性が高く，公共的医療を内在しているといわれている社会医療法人の実態はこのレベルであります。

この本質は，次のことから派生しているものと見ることができます。
①　理事長の事業報告等（財務をふくむ）開示制度に対する無理解と，都道府県主務課のチェック体制不備によるもの。
②　監事監査制度のあり方，つまり「役員たる地位に基づく報酬」の支払禁止に比した監事の責任の重加が，低いレベルの業務となり安定化していること。

(3) 提　言

都道府県主務課の担当者の数は，2人から4人，それが1人当たり約400法人から約700法人を担当している実態があり，専門家として教育も少なく，彼・彼女らを責めることはできません。

そこで全くの私見ながら，JAHMCは3千人の会員と47都道府県に支部を持ち，25年の歴史を持ち，本部組織もしっかりした公益社団法人であります。

事業報告書等の収集は，従来どおり都道府県の主務課で行い，そのデータを「守秘義務」を誓わせた支部の特定チームに「安く」委嘱したら如何でしょうか。システムや分析技術，能力もあり決してできないことではないと思っています。

3 ▎ 診療報酬上の課題

(1) 診療報酬のつけ方，誘導施策

　国民皆保険による非営利医療制度のもと，各種審議会や検討会などの結果により，厚生労働省が新しい施策を組み立て，施行しようとするとき，「民間」の医療提供施設，医療法人の経営者は，その公共・公益性は容認するにしても，厚生労働省がどれだけ本気か，「梯子を外される」おそれがないかを見極めようとします。しっかり吟味しないで，それに乗った経営方針の失敗は，「倒産」という結果がまっています。

　法律上の各種施策には，診療報酬による誘導，かつては「保険財源の傾斜配分」という「加算」を付す単純なものだったのですが，税制や施設基準の緩和をふくめ少し形を変えていると思われます。
　つまり言葉は悪いですが，「ニンジン」がどのように付されるのか，厚生行政の本気度を冷静に見ているのです。

(2) 連携推進法人への誘導施策

　政省令などが出ていない，この執筆時点（平成28年9月1日）では，誘導施策は法に示されたものだけで診療報酬上のものは「ない」といってよいでしょう。
　むしろ，次に示す「減算」の可能性が指摘され，厚生労働省担当官のセミナーでも訂正されていません。

(3) 「特別の関係」の認定による報酬減

　連携推進法人は，一般社団法人にならい，任意ではありますが資本基盤の強化のため参加法人から基金を募集し，非営利・基金拠出型法人になることが一般的だと思われます。さらに参加法人間で資金の融通もありえるはずで，連携業務として，患者の紹介，逆紹介は，日常的に行われることになるはずです。

ところが，紹介率算定式の分子部分の文書による紹介患者数には特別の関係がある医療機関からの紹介患者はふくまれません。

そのため，特別の関係がある医療機関等（参考・1）や病院に併設される介護老人保健施設等は診療報酬上の施設基準上算定できない項目（参考・2）があり，政省令・通知などの発遣により，このことがなくなればよいのですが，診療報酬減になるような施策には絶対に参加しないと思われます。

（参考）
1．特別の関係がある医療機関等
 ⑴ 特別の関係とは「医科診療報酬点数表に関する事項」第2部入院料等の通則7⑶に次のように定められています。
  ア 当該保険医療機関等と他の保険医療機関等の関係が以下のいずれかに該当する場合に，当該保険医療機関等の開設者が，当該他の保険医療機関等は特別の関係にあると認められる。
   ㋐ 当該保険医療機関等の開設者が，当該他の保険医療機関等の開設者と同一の場合
   ㋑ 当該保険医療機関等の代表者が，当該他の保険医療機関等の代表者と同一の場合
   ㋒ 当該保険医療機関等の代表者が，当該他の保険医療機関等の代表者の親族等の場合
   ㋓ 当該保険医療機関等の理事・監事・評議員その他の役員等のうち，当該他の保険医療機関等の役員等の親族等の占める割合が10分の3を超える場合
   ㋔ ㋐から㋓までに掲げる場合に準ずる場合（人事，資金等の関係を通じて，当該保険医療機関等が，当該他の保険医療機関等の経営方針に対して重要な影響を与えることができると認められる場合に限る。）
  イ 「保険医療機関等」とは，保険医療機関である病院もしくは診療所，介護老人保健施設または指定訪問看護事業者をいう。
  ウ 「親族等」とは，親族関係を有する者および以下に掲げる者をいう。
   ㋐ 事実上婚姻関係と同様の事情にある者　（以下・略）

2．特別の関係がある医療機関が算定できないのは，次のような項目。
　① 入院期間の計算
　　　保険医療機関を退院後，同一傷病により当該保険医療機関または当該保険医療機関と特別の関係にある保険医療機関に入院した場合の入院期間は，当該保険医療機関の初回入院日を起算日として計算する。
　　　ただし，次のいずれかに該当する場合は，新たな入院日を起算日とする。
　　ア　1傷病により入院した患者が退院後，一旦治癒しもしくは治癒に近い状態までになり，その後再発して当該保険医療機関または当該保険医療機関と特別の関係にある保険医療機関に入院した場合
　　イ　退院の日から起算して3月以上（悪性腫瘍または別紙様式44に掲げる疾患に罹患している患者については1月以上）の期間，同一傷病について，いずれの保険医療機関に入院または介護老人保健施設に入所（短期入所療養介護費を算定すべき入所を除く。）することなく経過した後に，当該保険医療機関または当該保険医療機関と特別の関係にある保険医療機関に入院した場合
　② A206　在宅患者緊急入院診療加算
　　　受入保険医療機関が，当該診療所と特別の関係にある場合には，在宅患者緊急入院診療加算は算定できない。
　　1　他の保険医療機関との連携により在宅療養支援診療所もしくは在宅療養支援病院の体制を確保している保険医療機関において，当該他の保険医療機関の求めに応じて行う場合または在宅療養後方支援病院が他の保険医療機関の求めに応じて行う場合　　　　　　　　　　　　　　　2,500点
　　2　連携医療機関である場合（1の場合を除く。）　　　　　　　2,000点
　　3　1および2以外の場合　　　　　　　　　　　　　　　　　1,000点
　③ B004　退院時共同指導料1，B005　退院時共同指導料2
　　　当該患者が入院している保険医療機関（以下この区分において入院保険医療機関という。）と当該患者を紹介した保険医療機関（以下この区分において紹介元保険医療機関という。）または退院後の在宅療養を担う保険医療機関の保険医の指示を受けた訪問看護ステーションとが特別の関係にある場合は，退院時共同指導料は算定できない。
　　　B004　退院時共同指導料1
　　　　1　在宅療養支援診療所（地域における退院後の患者に対する在宅療養の提供に主たる責任を有する診療所であって，別に厚生労働大臣

>   が定める施設基準に適合しているものとして地方厚生局長等に届け
>   出たものをいう。以下この表において同じ。）の場合　　　1,000点
>   　2　1以外の場合　　　　　　　　　　　　　　　　　　　600点
>   B005　退院時共同指導料2　　　　　　　　　　　　　　　　300点
> ④　B009　診療情報提供料（Ⅰ）　　　　　　　　　　　　　　250点
>   当該情報を提供する保険医療機関と特別の関係にある機関に情報提供が行
>   われた場合や，市町村などが開設主体である保険医療機関が当該市町村など
>   に対して情報提供を行った場合は算定できない。（以下・略）

　この課題は，次に発刊予定の『地域医療連携推進法人』（仮）でもっと深く言及したいと考えています。

《著者紹介》

松田　紘一郎（まつだ　こういちろう）

　1941年（昭和16年）9月1日生（熊本県出身）
（連絡先）
　〒104-0031　東京都中央区京橋3-6-8　茅ヶ紡ビル3F
　松田税理士公認会計士事務所　Tel 03-5159-3377
　　　　　　　　　　　　　　　　Fax 03-5159-3741
　E-メール　Matsuda@mmg-net.com
　ホームページ　http://www.mmg-net.com

（平成28年9月1日現在）

（資　格）
　公認会計士（第4769号）税理士（第30021号）医業経営コンサルタント（第01-0004号）
（学　歴）
　熊本工業高校，専修大学法学部（二部）卒業
（主な現職）
- 松田紘一郎　税理士・公認会計士事務所　　　　　所長
- （株）グロスネット（認定登録「医業経営コンサルタント法人」
  （第10-0001号）　　　　　　　　　　　　　　代表取締役会長
- 公益財団法人　アイザワ記念育英財団　　　　　理事長（代表理事）
- 公益社団法人　日本医業経営コンサルタント協会（JAHMC）
  認定審査会　　　　　　　　　　　　　　　　委員，相談役
- 一般社団法人　日本中小企業経営支援専門家協会（JPBM）
  医業経営部会　　　　　　　　　　　　　　　理事・医業経営部会長

（主な団体等の委員）
- 厚生労働省・厚生労働科学特別研究事業「病院会計準則見直し等に係る研究」専門家会議委員
  　　　　　　　　　　　　　　　　　　　　　（平成14年7月～15年3月）
- （社）日本医療法人協会　医療法人資金調達研究委員会　委員長（平成14年4～15年10月）
- 四病院団体協議会　医療法人会計基準検討委員会　委員　（平成15年10月～18年3月）
- JAHMC　「医療費財源に関する検討会」　　　　座長　（平成21年11月～23年3月）
- JAHMC　「組織改革特別委員会」　　　　　　　委員長（平成22年7月～23年3月）
- JAHMC　「医療機関等における税制改正提言検討」座長（平成26年8月～26年9月）

（主な著書）
- 『持分あり医療法人から非課税移行の実務』　　　（2012.4.26　じほう）
- 『新しい医療法人制度の理解と実務のすべて』　　（2008.7.23　日本医療企画）
- 『繁栄する診療所の開設と運営Q&A』　　　　　（2006.5.17　じほう）
- 『病院・医院運営の手続と文例書式』　　　　　　（2005.2.28　新日本法規出版）

- 『病医院経営『3S実践』成功実例集』　　　　　　（2003.10.13　ＰＨＰ研究所）
- 『病医院経営チェックマニュアル70』　　　　　　（2003.1.30　日本医療企画）
- 『ISO9001の導入による医療事故防止』　　　　　（2002.11.10　じほう）
- 『病医院・福祉施設の医療・介護事故防止　ISO9001による対応Q＆A100』
　　　　　　　　　　　　　　　　　　　　　　　（2001.5.30　日本医療企画）
- 『医療介護サービスのためのISO9000シリーズ』（日経ビデオ・3巻監修）　ほか

（論文）　多数

《執筆者紹介》

A：JAHMC　認定　医業経営コンサルタント法人（第001号）
　　株式会社　グロスネット（G-Net）

■一部執筆者

G-Net	代表取締役社長（※1，※2，※3）	井上　輝生
	部長（※1，※2，※4）MBA・特定社会保険労務士	原子　修司
	部長（※1，※2）サーティファイドリスクマネージャー（CRM）	岡田　雅子

■執筆協力者

G-Net	部長（※1，※2，※5）公認会計士・税理士	田中　仁
	課長（※1，※2，※6）博士（学術）	今村　顕
	課長（※2）	中村　泰三

　　　当社（熊本事務所）G-Netテクノセンター諸氏の多大の執筆協力があったことを附言いたします。

B：一部共同執筆者（第4章，3細則・責任細則）

〒860-0846　熊本市中央区城東町2-12ライオンパーキングビル3F
弁護士法人　東法律事務所　　弁護士　東　健一郎
・日弁連中小企業法律支援センター運営委員会・事務局次長，経営法曹会議・会員
（※1）
　　TEL　096-227-6677　　FAX　096-227-6688　　e-mail　ken@higasi-law.jp

---

（※1）JAHMC（公益社団法人・日本医業経営コンサルタント協会）認定　医業経営コンサルタント
（※2）JPBM（一般社団法人・日本中小企業経営支援専門家協会）認定　医業承継コンサルタント
（※3）JAHMC・熊本県支部理事　本部・教育研修委員会委員
（※4）JAHMC・本部・学会学術委員会委員
（※5）JAHMC・東京都支部理事，医業経営コンサルタント第1次試験・試験委員
（※6）JAHMC・本部・総務委員会委員

《執筆を支援していただいた JPBM 医業経営部会・その会員等》
■ JPBM 医業経営部会
　一般社団法人日本中小企業経営支援専門家協会（JPBM）は，わが国の地域の経済・雇用・文化を支える中小企業や医療機関を，国家資格（9士業）を持つ専門家を通じて支援する全国組織です。特に地域医療機関に向けた支援を展開する「医業経営部会（部会長・松田紘一郎）』は，主に医業承継に強みを発揮しコンサルティングノウハウの開発・実務支援を推進します。地域医療構想の推進や，持ち分なし医療法人への移行，そして今回の第7次医療法改正に伴って大きく変わろうとしている地域医療機関の経営課題に，会員専門家（公認会計士，税理士，弁護士，社会保険労務士等）はもとより，金融機関や大手建設会社，医療機関関係者等のもつ高度な知価の提供をノウハウとして融合しながら，地域医療の継続や承継，連携等に貢献しています。

　一般社団法人　日本中小企業経営支援専門家協会（JPBM）
　　　　担当：業務開発グループ　**若松　靖**
　〒101-0041　東京都千代田区神田須田町1-2-1　カルフール神田ビル9階
　　TEL　03-3253-4711　FAX　03-3526-3051　http://www.jpbm.or.jp

■医業経営部会員等（敬称略）
A：会員

・ケルビム法律事務所	弁護士（※1・※2） （JAHMC・理事）	高須　和之
	弁護士	尾崎　順
・西村あさひ法律事務所	弁護士	森　浩志
・弁護士法人　東法律事務所	弁護士（※1）	東　健一郎
・清陽監査法人	理事長・公認会計士	斉藤　孝
	代表社員・公認会計士	中市　俊也
	公認会計士	岩渕　光尚
・照国総合法律事務所	税理士（※1・※2）	内野　絵里子
	弁護士	折田　健市郎

B：株式会社

・三井住友信託銀行	プライベートバンキング部企画課調査役	田村　直史
	プライベートトラスト部業務開発課調査役	立石　国彦
・鹿島建設	医療福祉推進部　部長（※1）	伊藤　正
	営業部長（※1）	三重野　裕路
	営業部長（※1）	小林　揚
	営業課長（※1）	尹　世遠

早わかり
医療法人制度改革・地域医療連携推進法人

2017年1月10日　第1版第1刷発行

著　者　松　田　紘一郎
編　者　株式会社グロスネット／
　　　　JPBM医業経営部会
発行者　山　本　　　継
発行所　㈱中央経済社
発売元　㈱中央経済グループ
　　　　パブリッシング

〒101-0051　東京都千代田区神田神保町1-31-2
電　話　03(3293)3371(編集代表)
　　　　03(3293)3381(営業代表)
http://www.chuokeizai.co.jp/
印刷／東光整版印刷㈱
製本／㈱関川製本所

Ⓒ 2017
Printed in Japan

＊頁の「欠落」や「順序違い」などがありましたらお取り替えいた
　しますので発売元までご送付ください。(送料小社負担)
ISBN 978-4-502-21571-1　C3034

JCOPY〈出版者著作権管理機構委託出版物〉本書を無断で複写複製(コピー)することは，
著作権法上の例外を除き，禁じられています。本書をコピーされる場合は事前に出版者
著作権管理機構 (JCOPY) の許諾をうけてください。
JCOPY〈http://www.jcopy.or.jp　eメール：info@jcopy.or.jp　電話：03-3513-6969〉